JN013000

異端の
コスト削減

「業績悪化」で給与カットはさせない！の一心から
「コスト削減」に着手し、「過去最高益」達成にまで
大きく貢献したノウハウの全貌

土井 和夫
Doi Kazuo

風詠社

はじめに

㈱大丸（以後、大丸と略）に入社し配属は心斎橋店で「家具売場」「営業推進部」を経験し、本社に異動してからは「経営計画室」「新規事業開発室」「構造改革推進室」「投資プロジェクト推進室」「営業企画室」等で勤務してきたが、「コスト削減」については「構造改革推進室」時に少し独学で取り組んだ程度であった。

「コスト削減」に関わるきっかけとなったのは平成11年3月（1999年）に本社・営業企画室営業企画部長に就任した時であった。前年に会社は700人の「早期退職」を実施したため、心苦しいながらも本年からは利益が大幅に改善できるものと思っていた。しかし蓋を開けてみると「平成不況」の風は一向に止まず、期初の3月から売上が大苦戦し、月を追うごとに悪化するのみであった。

そうこうしている内に2ヵ月が経過し、5月下旬に全社の業績見通しが出てきた時は、更に売上が悪化していた。このままでは断腸の思いで行った「早期退職」の効果が消滅する恐れがあるため、対策を早急に策定し店長会議に提案せねばならないと思った。

考えられることは「売上を伸ばすか」「コストを削減するか」いずれかしかないのだが、上期決算まで残された時間は３ヵ月しか無い中で成果を確実なものとするには「コスト削減」を選択する以外に道はなかった。

その時思ったのは、これまでの通り一遍の「○○億円コスト削減」と言う、看板だけの対策を立てても効果が無いと思い、少しでも具体性を持った対策を立てる必要があるのではないかと思った。そこで設定した削減目標額をブレークダウンさせ「アルバイト雇用」を中止し「社内応援の実施」で５千万円削減、「新聞広告」は週二回掲載を一回に絞り込み５千万円削減・・・と言う具合に、できるだけ具体的に、そして数値目標をセットした対策を策定した。

振り返ってみると対策はお粗末なものであったが、当時の状況は火曜日夕方に「業績見通し」が確定し、翌日の水曜日が定休日であり、翌木曜日の午後１時から社長主宰の店長会議が予定されていた。作業をする時間は定休日の水曜日しか無く、取り敢えず提案せねばならないとの思いから自宅で必死になって作成した。

この対策を店長会議当日の朝、上司である松本常務（当時、元㈱大丸専務）に説明し、そこでもらった指示は「コスト削減策」については何も言われず『売上強化策も入れる様に』とい

う一言だけであった。ほとんど時間が無い中で思いつくままに「売上強化策」を策定し、上司に見せる暇も無くそのまま「店長会議」に突入した。

「店長会議」では提案の前提として３月から５月までの実績及び見通しを説明するとともに、これまでの売上実績から今後を予測すると８月・上期決算の営業利益は予算未達となるという試算を説明した。それを解消するための対策として「売上強化策」を捨ててはならないが、確実に成果を挙げねばならないことから「コスト削減」策の内容を重点的に説明した。

説明が終わるや否や、奥田社長（当時、元Ｊ.フロントリテイリング㈱会長）から間髪を入れずに『これで行こう』との了承の言葉を頂いたが、これには提案した本人が一番驚いた。奥田社長就任以前は、この様な取締役会に準ずる会議に於いて、社長が先んじて結論を言われることは一切無く、特に全社に影響を与えるような提案については、即決などはありえなかった。

また、緊急提案であっても、事前に根回しをしていないと『現場はどう言っているのか』『皆はできると言ったのか』・・・等と詰問され、提案の内容に触れることなく「ボツ」となることが多く、仮に承認があっても『もう少し検討し再提案するように・・』等と制約を付けられ、なかなか実行に結びつけられなかった。

しかし「手続き」よりも「内容」から判断され、即決で了承を頂いたことは提案者として大変感激するとともに、奥田社長の経営者としての「凄さ」を垣間見たという思いが強く残った。

この会議での提案が、これ以後私が関わっていく「コスト削減」という仕事のスタート台となった。この年は下期も「コスト削減」の緊急対策を実施し、決算は増益となった。「コスト削減」をやり始めた頃は社内から「気違い」と呼ばれる程に悪評が立ったが、利益予算達成と言う実績を繰り返し示すことによって徐々にそのような声は聞こえなくなった。

当時は四半期決算ではなく「上・下決算」であったことから、売上が悪化すると中間点の5月と11月に緊急対策として「コスト削減策」を実施し、前半の利益のマイナスを後半3ヵ月で取り戻すということを行った。こうして減収が続く中でも増益を重ね、平成18年度（2006年）の「過去最高益」達成にも大きく貢献することとなった。

「コスト削減」については本を読んだり勉強したりしたわけではなく、実戦の繰り返しから身に付けただけであり、全くの「我流」であったが、何とか利益目標を達成させたいとの思いから取り組んできた。

総じて、業績が悪くなると安易に給与のカットに走る経営者が

多い中で、百貨店業は営業時間が長い、休みが変則等、「３Ｋ」と呼ばれるような業種であった。そのため絶対に給与を下げる様なことはさせたくない、それよりも会社の面子や個人の都合で勝手に使われている無駄なコストを排除することが先決であるとの一心から、徹底して「コスト削減」をやり続けた。

「コスト削減」によって業績が向上し「コストの大丸」とアナリスト・レポートに書かれるようになった。私が入社した昭和47年（1972年）の百貨店業界は伊勢丹の業績が抜きん出ており、初任給も当時で１万円ほど他社より高く「マーチャンダイジングの伊勢丹」「ファッションの伊勢丹」と異名をとっていた。

それを奥田社長の時代になって大丸が伊勢丹よりも営業利益率が上となり「コストの大丸」と二つ名で呼ばれるようになったことは隔世の感があるが、これも偏に「奥田・流通革命」を「コスト削減」でもって裏から支えた仲間全員の努力の賜物であると思っている。

これまでは「コスト」担当と言えば名も無く、日も当たらない部門であったが、全員が一丸となって「コスト削減」に取り組んだことにより、企業の業績を動かし、企業価値を高めることができたことを、誰かが記録に残しておいてもよいのではないかと思い、乏しい文章力を顧みず筆を執った次第である。

目　次

装幀　2 DAY

序　章

序章は営業企画部時代に「コスト削減」への理解や基盤が無い中で「コスト削減」を始めてみて、エピソードや気付いたことについてランダムに列記しているが、これから「コスト削減」に取り組むに当たって参考にでもして頂ければ有難いと思っている。

【第一節】「緊急対策」は失敗が許されない

「はじめに」でも触れた平成11年（1999年）5月の「店長会議」で提案した「緊急対策」の「コスト削減策」は上期予算を達成するために止むを得ず行ったものであり、まさに窮地を脱するための一策であった。

「緊急対策」を実施するに当たっては、業績が非常に危機的な状況にあることを全員に分かってもらうために『売上が不振であり、このままでは上期の営業利益は予算未達となる。そのためにコスト削減を実施し予算達成を目指す』という様な実施「理由」「目的」を前面に掲げ、「緊急対策」を実施しないと乗り切れないということを強くアピールした。

「コスト緊急対策」の実施に対して、「売上対策」では解決できない状況にあっても営業関係者からは『コストを下げれば、更に売上が下がる』という、意味不明とも思われる意見も聞こ

えたし、また成果を挙げるには「辛抱」が必要なために各所から不満の声も出た。

初めて実施してみて、その結果は運良く「吉」と出たが、それからも営業企画部の行う「コスト緊急対策」は「異端児」の様にみられていた。これまでは「利益拡大」は「売上拡大策」によってのみもたらされるものとしか考えられていなかったので、売上が困難な場合の次善の策も「売上拡大策」であって「コスト削減策」の選択を理解できない人が多かった。

この様な状況から「コスト削減」を行うに当たっては売上動向を慎重に見極め、誰が見ても「売上対策」では乗り切れない状況にあると納得できる場合に限られており、更に反発が根強くあったので成果が出なければ二度と口に出せない雰囲気があった。

毎回「絶対に失敗は許されない」と言う不退転の決意でもって「コスト緊急対策」を行った結果、成果を挙げ続けることができたが、「コスト削減」にはそれぐらい強い気持ちで当たる必要がある。

営業企画部が「コスト」に関して各部門に指示・管理を行っても異論が出なくなったのは「コスト削減」の成果の積み重ねが実績となって、全社的に認知された結果と言えよう。

<追記>

★「コスト緊急対策」は時間が切羽詰まった中で必要とされる対策であるので、自社でコントロール可能な「数量削減策」が中心となる。その成否はユーザーである全従業員の理解・協力がどの程度得られるかで決まる。そのため、実施「理由」「目的」の明確化や「期間」「目標金額」の具体化を行い、全員のマインドを「コスト削減」に向かせることが最重要である。

特に「コスト緊急対策」を実施する際の「理由」「目的」の文言を、その時、その時の状況に合わせて「危機感」をリアルに訴求する表現を行わねばならず、陳腐化しない様に注意することが必要である。

【第二節】事実を把握しベンチマーク

本業の営業企画部の仕事をこなしながら、「数量削減」を中心とした「コスト削減」の緊急対策を毎年提案していたが「単価削減策」でも何か施策は無いのかと思い、思い付きではあるが「清掃費」はどうなっているのか調べてみることにした。

調べるに当たって材料が全く無かったので、本社の施設担当者にお願いして現状の発注価格と他の業者の見積価格を集めてもらった。

２つの価格を比較してみると現状の方が１割高いことが分かったので、この結果をもって「戦略会議」に報告したところ役員全員が初耳の様であり、奥田社長（当時）からも『何故この様になっているのか』と不満の言葉が出た。

ところが会議が終わっての翌日、清掃発注を担当されている役員に呼ばれ、『昨日の提案は何だ、事前に何の相談も無いが、こちらとしては業者と話し合いをして、来年から下げることになっていたのに・・・』と厳しい口調で言われたので、違和感を持ちながら『それなら会議で仰ったらよかったのに』と申し上げた。

来年の実現とは未だ半年も先のためかなり遅いが、それでも価格が下がることは良いことだと思っていたら、それから僅か１週間の間に、翌月から値下げになるとの報告があり、経営報告が効いたのかどうかはよく分からないが、成果が早まることは確かなので大歓迎とした。

思い付きであったがこの出来事によって、何事も常に事実を具体的に把握し、ベンチマークすることが、説明するに当たって大変重要であることを強く認識し、抵抗の強い「コスト削減」も、一つひとつ問題点を事実でもって定量的に説明することを積み重ねていけば説得性も高まり、反対意見にも論理でもって対応できると確信した。

【第三節】 了承するまで会議は繰り返す

営業企画部時代、「コスト緊急対策」の実施に当たっては、全社に通達を出すとともに実施を確実なものとするため各店を往訪し説明及び施策の確認を行った。

その前提として、平成11年（1999年）に初めて「緊急対策」を実施した後、営業企画部の業務の合間を縫って行っていた「コスト削減策」を思い付きではなく、根拠のあるものとするためデータベースの必要性を感じた。

これまで主要店舗と呼ばれた心斎橋・梅田・京都・神戸・東京の5店舗の業績情報が営業企画部では全く整備されていなかったため、部下の安宅スタッフ（当時）に各店の費目別のデータベースを作成するように指示し、それを基にして施策別・費目別に削減金額の設定を行った。

そして策定した「緊急対策」の費目別・施策別試算根拠を各店に開示し、各店の店次長クラスである業務推進部長を始め人事・総務・経理・営業企画・販促・外商等の各部長が控える場に一人で出向き、「緊急対策」の施策毎の内容と該当する費目予算の削減額及び削減理由を説明した。一人で出向いたのは部下を連れて行っても仰々しいだけであり、これぐらいの質問に

答えられない様ではコスト削減を提案する者として失格だと思ったからである。

会議では各店がこちらの作成した資料に対抗できるだけの材料を持ち合わせていなかった。そのためこちらの資料が話し合いのベースとなり、議論が逸脱することは無かったがこれはデータベースを作っておいたお陰であった。

会議の前半はこちらの資料に対し、各店が意見を述べる形となり『この費目はここまでは削減できない』とか『この施策は無理』と文句に近いような意見も出ていたが、こちらからは意見を余り差しはさむことなく順番に説明を聞いた。一巡したところで、これまでの発言から『無理』とか、『できない』と言っている施策を差し引くと削減額が幾らになったのか、それは目標額に対し幾ら過不足するのかを確認した。

そうすると全ての店で目標額に達することはなかったので、説明があった店の計画の中から『この車内吊り広告はやめられないか』『厨房の特別清掃は必要か』・・・等、一つひとつ問い質しながら、再度全員に第一巡目と同じ順序で不足している削減額の追加ができるかどうかを確認した。

それでも削減目標に達しない場合は三巡目、四巡目と質疑応答を重ねていったが、会議の目的である削減目標達成のための

「施策の具体化」ができるまでは何処の店でも会議が終わることは無く、陰で「悪魔のローテーション会議」と呼ばれたと記憶している。

しかし何と言われようと、計画した限りは各店に指示するだけでは心許なく、実行してもらわないと成果が出ないので『ウン』という答えを聞くまでは帰らないとの思いで粘り強く確認を行った。

第一章

コスト削減の
基盤整備

第一章は私が全社のコスト管理を担当することとなった時に、何とか「コスト削減」を全社に定着させる方法は無いものかと思案の末に行ったものである。平成15年（2003年）から1～2年の間に集中して行っているが、当時は脈絡を考える程の余裕は無く、取り敢えず思いついては提案し実行する、提案し実行する・・・の繰り返しで、遮二無二行っていった。振り返ってみて「コスト削減策」を策定することは重要であるが、策定しただけで実施しても思い通り成果が出ないことが多い。「コスト削減」に馴染みが無く、抵抗が強い中で施策を成功させるには前提となる「基盤整備」が不可欠であると言っても過言では無い。私の場合は「コスト削減策」の実施と並行して「基盤整備」を走りながら行っていったが、もっと早くに気付いていれば成果も早く挙がったのではないかと思っている。

【第一節】核となる組織の設置

平成15年（2003年）に奥田社長（当時）が会長に就任され、併せて「執行役員制」が導入された。この頃には営業企画部の「コスト削減」も全社で認知されて、主要業務の一つとなっており、今後も私は営業企画部を担当し「コスト削減」も続けていくものと思っていた。

ところが、「執行役員制」により、はからずもその一員となり、

更に新たに設置された全社の「シェアード・サービス（以後、「ＳＳ」と略）」化を推進する「シェアード・サービス統括部（以後、「ＳＳ統括部」と略）」担当を命じられた。

営業企画部から急遽、異動となると「コスト削減」の後継者も育っておらず担当者が不在となる恐れがあった。そこで異動になって最初の「戦略会議」で会長に『コスト削減は誰がやるのか』と尋ねたところ、これが藪蛇で『君がやったらよい』と言われて「ＳＳ統括部」が「コスト削減」について営業企画部でやっていたことの全てを引き継ぐこととなった。本心では言わねば良かったとの思いがあったが、一方では、後になって『何故やっていないのか』と言われるよりも最初に決めてもらった方がはっきりするので、やり易くなったことは確かであると自分に言い聞かせたことを覚えている。

思い込みから始まった「コスト削減」が会社の戦略の一つとなり、新たに組織も設置されることとなったが、これは偶然の賜物であるとしか言いようがない。「コスト削減」を一般の企業で新たに取り組む場合は、重要戦略として取り上げ、経営トップの号令の下で、これまでの人事や総務等とは別に全社のコスト管理を行うための組織の新設が必要である。

組織を新設する場合、その権限としては以下のものを付与する必要がある。

①全社コスト予算の編成

②全社のコスト管理に関する戦略の立案

③「コスト削減策」の立案・指示

④全社のコスト管理部門を可能な限り傘下とし、コスト予算・戦略の実行

⑤傘下となっていないコスト管理部門に対して、適宜、「コスト管理」の指示・指導

特に④はコスト管理面からみると非常に効果があるので、理想は全社のコスト管理部門を全て傘下に収めれば完璧なコスト管理が可能となる。

「コスト削減」を進めるには「ルール」や「プロセス」を見直す等、現状をブレークスルーすることが必要である。そのためには強い「権限＝パワー」が必要であり、経営トップの理解は当然のことながら、組織の位置づけも経営トップにできるだけ近いところとする必要がある。

〈追記〉

★全社のコスト管理組織である「ＳＳ統括部」が、現業部門である「物流」「施設・保安」「購買」「リース・不動産」「事務管理」を傘下に置き１千億円以上ある百貨店・販管費予算の50〜60％を管理した。「人件費」「宣伝広告費」の予算管理は「ＳＳ統括部」以外の担当であったが、「営業企画部」で行っていたことを踏襲し、コストの全社管理部門としてどの部門へでも

意見・指示を行い、実施させる権限を持つことによって成果を挙げた。

この様にして、「ＳＳ統括部」はＳＳ会社の管理と併せてコスト管理にも大きく関わっていったのであるが、社内の一部からは『何故ＳＳ統括部がコスト削減をするのか』との声があった。それならば思い切って「コスト」を標榜した名称に変えたら文句は出ないだろうと思い、３年目に組織名称を「コスト構造改革推進部（以後、「コスト構革部」に略）」に改称した。

【第二節】 組織のライン化

新組織である「ＳＳ統括部」での１年目は「コスト」業務に関しては「コスト削減策」の立案と全社のコスト管理担当との会議が中心であった。特に「コスト削減」に関してはこれまで削減策の立案・提案を行うことで成果が挙がっていたので、これで十分責任を果たしていると思っていた。

ところが２年目以降に新たに「施設・保安」「購買」「リース・不動産」「事務管理」の現業部門が加わり、各部門の部長以下全員が新組織の傘下となったことで、「コスト企画」から現場の「業務運営」まで大きく担当範囲が広がった。各現場の担当者を「ライン化」することによって現場の末端まで指示・命令系統の一本化ができたため、これまでとは格段のスピード

で「コスト管理」の徹底と「業務運営の効率化」を進めることができ、更に「緊急対策」も的確に実施することができたので「コスト削減」を進める上で大変有効に機能した。

その背景としては、当時の人事政策として組織の役割を見直す動きがあり、本社は「中期課題の解決」、各店は「短期課題の解決」という様に、役割分担が明確となった。そして本社には部長を配置するが、各店は課長クラスのマネジャーとし、これまでの本社と各店で重複していた役職の整理も行われた。

「SS統括部」の場合は各担当ともに各店の業務があるため、各店担当者は全員「SS統括部」との「兼務」とし、現場の意向も反映させながら、「SS統括部」からの指示を実行してもらうという形を取った。

「現業部門」の本社へのライン化は兵站が長くなり管理は大変である上、各担当業務について専門知識が必要であるが、指示が一本化でき、実行スピードも上がり、常に進捗管理ができることから、それを数段上回るメリットがあるので、可能な限り最大限にライン化をすることが必要である。

〈追記〉

★大丸の「事務管理」は各店の業務推進部長の右腕として業績管理を担当する部門であり、これまでは本社・財務部の管轄に

あった。コスト管理を行うに当たって現場業績に精通しており、実務的には業績管理の元締め的な組織であるため、この組織をコントロールできるかどうかが今後のコスト削減の実施や予算管理に於いて重要と考えた。本社・財務部と話し合いを行い「ＳＳ統括部」に移管してもらったが、これによって各店業績は毎月15日に出る第一次業績見通しから把握できるとともに、対策の進捗状況もリアルに掴むことができ、大変有効となった。

【兼務・組織図】

《各店》

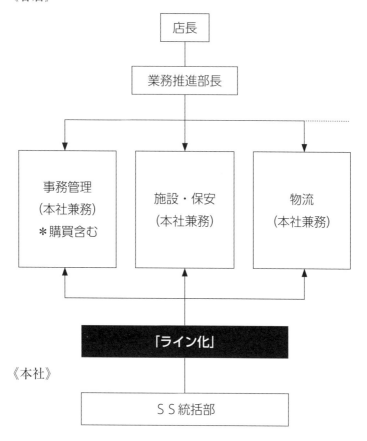

《本社》

【㈱大丸・組織図】

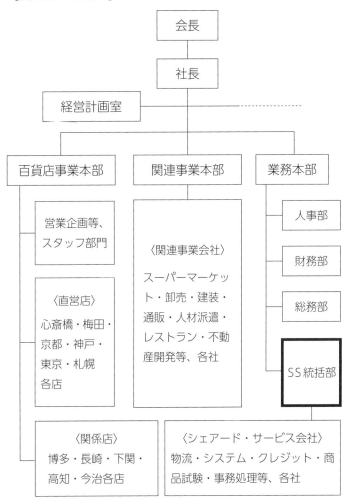

【第三節】 予算担当範囲の明確化

「ＳＳ統括部」が設立され、現業部門が傘下となっていく中で、業務運営を進めていくにしたがって「ＳＳ統括部」が新設組織であるため、既存の組織である人事部・総務部・財務部・営業企画室との予算管理領域で線引きが不明な所が見受けられた。

そこでコストの予算はどの部門が担当しているのかを調べてみると費目別に各担当が錯綜しており、予算の管理状況を見ても、部門間でバラツキが見られた。

今回、予算執行の業務を新たに担当したということを理由に人事部・総務部・財務部・営業企画室の担当役員を集めて予算の担当領域について確認を行った。

結果は大きくは「人件費」は人事部、「宣伝広告費」は営業企画室・販売促進部とし、総務部・財務部・ＳＳ統括部で錯綜していた「施設費」「運営費」の大半をＳＳ統括部が担当することで決まった。

現状とあまり差が無い様に見えるが、これまで担当は決まっていてもほとんど管理されていない費目が各所に見られたところを管理者は誰なのかと言うことを再確認しただけでも意義が

あった。

個人的には「人件費」も「宣伝広告費」もコスト管理という点からは全社のコスト管理部門で一元的に管理すべきであると思っていたので、その点について意見を聞いてみたところ人事部・営業企画室ともに強い抵抗があった。ここで無理強いをしても仕方が無いと思い矛を収めたが、「ＳＳ統括部」となってからも「人件費」や「宣伝広告費」についてまで『土井がうるさい』と言う印象を与えられたので、新組織が全社のコスト管理については引き継いで行うということを認識させることができたのではないかと思っている。

〈追記〉

★ある時、年度の営業利益予算に対して10億円未達の状況にあったので、何とか早期に解消したいと思い、戦略会議で『全ての経費を私の管轄にしてもらえたら直ぐに10億円の利益を捻出できる』と言ったところ、ある役員から『土井ちゃん、社長がやりたいのと違うか』と思いもよらない発言があった。するとそれを受けて奥田会長（当時）まで『君、社長がやりたいのか』と言われ会議は笑いに包まれたが、こちらとしては『そんなバカなことを考える訳がありません』と言うだけで、発言の打ち消しに追われる羽目となった。まさかこの様に「はぐらかされる」ことになるとは全く予想しておらず、これ以降は持論であった『すべてのコストを一元管理する』ということは二

度と口に出せなくなった。この一件があって「人件費」と「宣伝広告費」については「ＳＳ統括部」の傘下とすることは諦めざるを得なくなったが、この様な失敗をしないためにも「全社コスト管理組織」の設置の際には全コストを管轄対象とすることをくれぐれも忘れないようにして頂きたい。

【第四節】担当者会議の設置

「ＳＳ統括部」として発足となり、営業企画部から「コスト削減」については全て引き継いだが、営業企画部の様に各店・各部門との接触を予算や戦略と絡めてやっていくような機会や場を持っていなかったので、全社に対し「コスト削減」を推進するには何らかの「手掛かり」をつくる必要があった。

そこで「コスト削減」をテーマとした会議体を設置することを思い付き、出席者を「コスト担当者」として想定したところ、各店・各社で事業の規模や特性が違うため「都心百貨店」「地方百貨店」「関連事業会社」「ＳＳ会社」にグループ分けして複数回の会議開催が必要となった。

開催した会議は、以下の通りである。

①都心百貨店のコスト担当者を対象とした「業務推進部長会議」

②地方百貨店の担当者対象の「関係店担当者会議」

③グループ連結各社の担当者対象の「関連事業会社担当者会議」

④ＳＳ各社の担当者対象の「ＳＳ会社担当者会議」

これらの会議は全て月度の「業績見通し」が確定する25日以降、月末までに月1回開催したが2月の様に日数が少ない時は1日に2～3回、会議を行うこともあった。

会議では出席メンバーと確定した「月度業績見通し」に基づき議論を進めるのだが、「コスト担当者会議」であるにも関わらず冒頭は「売上」見通しの確認から始まるのが常であった。そして現状の「売上」に対して「営業利益」予算を達成させるために「コスト」担当者として何をしたのか、今後何をすればよいのかを説明してもらい質疑応答に入るという形をとった。

この会議の特徴は各店・各社をグループ別に分類したことで、各店・各社が横並びとなり、各メンバーにとっては周りのメンバーも同じ業務・課題を持つため言い訳や誤魔化しが利かず、また会議で約束したことは翌月以降に結果を問うので実行するしか道はなかった。これによって課題の明確化と解決のスピードアップにつながり、何よりも利益志向のための「コストマインド」を醸成することができた。

会議終了後には「議事録」を作成したが、「記事録」の内容は意見のやり取りを実名で記載し、どのような論議を経て結論となったのかをできるだけ克明に記録した。書記の方は大変だったが、発足して間もない我々が何をやっているのかを知っても

らうために敢えてこのような形を取った。これは営業企画部時代に「店長会議」の議事録を論議が分かるように大幅に変更し、理解が高まった経験を活用したものである。これを出席者への配布と併せて、出席者の上司の役員及び会長・社長にまで配布したが、「店長会議」議事録と同様に反響があり、時には会長が議事録を踏まえて発言や指示をされることもあった。こうして全社で「コスト」への関心が高まるとともに、私を含めて出席者全員は発言一つにも真剣にならざるを得なくなった。

〈追記〉

★これらの会議によって百貨店を始め連結各社を全て網羅することにより、全社のコスト担当者に対して「利益確保」のための「コスト削減」という考え方を定着させることができた。また、必要に応じて指示・指導もできたので、「ＳＳ統括部」の傘下でなくても会議を通じてコスト・コントロールができることを実感した。

★大丸と㈱松坂屋（以後、松坂屋と略）が経営統合したことから、「担当者会議」に加えて、松坂屋店長を対象としたコスト削減の「店長会議」を新たに設置し、店長に対し「コスト削減」の考え方の理解をはかるとともに、予算の進捗管理を行った。店長に対しても、他の会議同様に指示すべきことは指示し、課題解決が進まない店長には厳しく注意も行った。後で分かったのだが、会議を始めるに当たって松坂屋・茶村社長（当時、前Ｊ.フロントリテイリング㈱会長）から『話をよく聞く様に』

との指示が出ていたと聞き、大変有難いと思った。

★松坂屋では統合後「コスト削減」への理解をはかるため、茶村社長を始め本社役員も同席しての「社長報告会」を毎月開催し、取り組んでいるコスト削減の進捗説明と課題解決の提案を行った。これが功を奏したのか、翌年の松坂屋の決算発表では「コスト削減」の成果について茶村社長が詳しく説明されたことを強く記憶している。

【「担当者会議」議事録・一部抜粋】

【A店・A業務推進部長】：売上は対予算▲410百万円、営業費は同▲46百万円、営業利益は同▲77百万円の見通しである。人件費は、時間外が計画以上に増加したもののアルバイトの削減などにより▲8百万円、施設費は▲12百万円と見ているが、改装工事の一部に遅れがあることや新店家賃の正式決定が年明けになることなどから仮置きの推定数値である。

宣伝費は新聞広告費の削減やポイント費の減少で▲36百万円と見ている。一方であっという間に品切れしてしまったフロアガイドの増刷が必要となり経費が発生する予定なので他の経費でなんとか下げようと考えている。

運営費は手数料が+15百万円増したものの雑費や交際費の圧縮で▲2百万円となる。

手数料増は、自社クレの売上が対前年+46％増、他社クレの売上は同+30％増であったことに対し、店全体の売上は同+24％

増にとどまったためで、この傾向は今後も継続するかもしれない。

【土井】：経費削減の努力は認めるが、売上のマイナス幅からすると今一歩踏み込んだ経費削減が必要である。来月以降は今月以上の経費削減が可能なのか。

【A店・A業務推進部長】：開店月である今月は分母が大きいので削減幅も大きかったが、来月以降は厳しいと思う。

【土井】：フロアガイドが無くなってしまったのは、それを置く場所にも問題があったのではないのか。

【A店・A業務推進部長】：ご指摘の通りで、場所は既に見直している。

【土井】：家賃が決定していないということであれば、光熱水費も仮置きで試算しているのか。

【A店・A業務推進部長】：見通しは推定値であり、決定は家賃と同時期の年明けとなる。

【土井】：電気代は電力会社から直接請求してもらう契約のほうが望ましいが、交渉しているのか。

【A店・A業務推進部長】：大家にその意向は伝えてあるが、先方は光熱水費など家賃の内訳を店子に開示することに難色を示しており、交渉は決裂状態である。

【土井】：電力会社と直接契約を交わすことができれば、年間で１億円程度の経費削減は可能だと思う。全社の期待がかかるA店には、なんとしても今期の営業利益予算を達成していただきたいので、本社施設担当と連携をとりながら、交渉を有利に進めていただきたい。（以下、略）

【担当者会議・関連図】

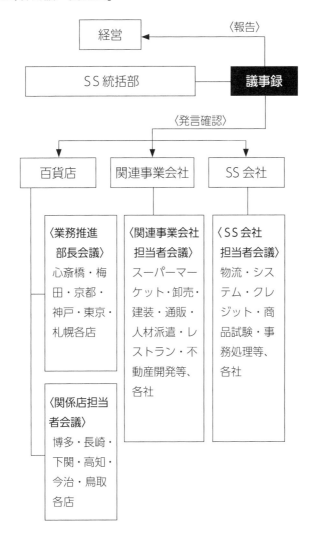

【第五節】 進捗管理表でチェック

この項は「コスト削減」とは直接関係無いことであるが、業務運営の参考にでもなればと思い記載した。

私が執行役員になって、早々に奥田会長（当時）から『役員の任期は１年とし駄目なら即、辞めてもらう』との発言があった。与えられた目標も達成できずに馘首となっては洒落にもならないと思い、どうすれば目標を達成できるかを考えに考え抜いた結果、出てきた答えが与えられた目標を細分化し、部下の各担当部長に配分することであった。

それを確実に実行してもらうためには部長全員に分かり易く、且つ具体的で、進捗状況が常に把握できるものが必要であったことから、考えついたツールが重点課題の「進捗管理表」であった。

重点課題は年度によって異なるが、初期の頃は「緊急対策の策定・実施」「発注価格の統一」「競合見積の実施」「発注単価表の作成」「ＳＳ各社の業績管理」「コスト担当者会議の運営」等が主な課題であった。

進捗管理表は縦軸に「重点課題」を列記し、横軸を時間軸とし

て半期・6ヵ月を表記し、「担当者」「目標金額」の欄も設けた。そして各重点課題を進めるためには半期の間で何をすべきかを各月の欄に記載した。

記載内容は基本としてはR（調査）➡P（計画）➡D（実行）➡C（点検）であるが、それを少し細分化し「調査・分析」➡「計画策定」➡「提案」➡「準備」➡「実行」➡「点検・フォロー」とした。この表によって何時までに何をすれば目標達成となるのかを分かるようにし、それを毎週金曜日に各部長を集めてミーティングで確認を行った。

そして月に1回は「総括会議」として目標をクリアできた課題には◎、遅れている課題には✖をつけて評価を行った。また、月の経過とともに、課題が増えていく場合が多々あった。遅れている課題は一緒になって考え、解決していったが、課題を与える限りはこちらも答を用意しておかなければ無責任と思い一生懸命考えた。

この表は毎年、年度が始まるまでに完成し配布せねばならなかったので、年度末の休日に自宅で各重点課題の進め方をできるだけリアルに想像しながら、そして各部長に均等に負荷をかけられるように配分を考えながら、必死で作成した。更に毎月の「総括会議」に備えて評価とコメントを準備せねばならなかったが、目標達成ができるのならばこれぐらいの負担は全く

容易いことであった。

各部長は最初の頃はこの方法に慣れずに四苦八苦した様であったが、2年目以降は「進捗管理表」を基に仕事を進めることにも慣れ、奥田会長が常々言われていた「実行第一」を実践することができ、課題解決をスピーディに進めることができる様になった。

〈追記〉

★大丸・松坂屋の経営統合によって、松坂屋への「コスト削減」の展開に当たっては、絶対に失敗は許されないことから熟考した結果、当時主要メンバーであった「コスト企画」担当の磯部部長（当時、元㈱ＪＦＲサービス社長）を長として部長6人の内5人を松坂屋本店がある名古屋に単身赴任させた。同時に、「コスト削減」ノウハウ習得のため松坂屋から部長1名を大丸に異動させ、経営統合に伴っての「人材交流」の第一号となった。

大丸が手薄になるとの批判が一部であったが、私がＪ.フロントリテイリング㈱（以後、Ｊ.フロントと略）の執行役員であり、当時、別会社であった大丸・松坂屋もＪ.フロントの傘下であったため、全部長をＪ.フロントの部長とするとともに、大丸・松坂屋両社の部長も兼務させて管理ができる様にした。

大丸については各部長が名古屋に赴任しても、「コスト削減」に充分経験のある本部のスタッフ及び各店マネジャーが居るこ

とから、各部長が名古屋から指示すれば万全であり、当面は松坂屋への対応を第一と考えた。松坂屋で成果を出すには現地に赴き、一緒に仕事をし、同じ目線で見ることが重要と思ったので、このようなドラスティックな人事を行った。

平成19年（2007年）9月発令となり、磯部部長以下各部長に名古屋へ転勤してもらった。慣れないところで大変な苦労を掛けたが、松坂屋の安達常務（当時）から格別のバックアップを頂き、何とか松坂屋でのスタートを切ることができた。

そして3ヵ月後に松坂屋初の「コスト削減・緊急対策」を実施し、成果を挙げることができたが、これによって茶村社長（当時）からも信頼されるようになった。

その間も購買や施設等で松坂屋担当者に「発注単価表」を使って松坂屋発注価格との違いを確認してもらったが、「発注単価表」をつくっておいたお陰で理解も早く、発注価格の統一が進んだ。その結果、半年で10億円以上のコスト削減を行うことができたが、これも磯部部長を始め各部長が4年間の進捗会議で「実行第一」を身に付け、日々の業務で蓄積した「コスト削減」のノウハウでもって、松坂屋に溶け込んで仕事を進めたことが成果に結びついたものと思っている。

【進捗管理表・一部抜粋】

重点課題	担当	目標額	3月	4月	5月	6月	7月
緊急対策々定	コスト企画	○億円	売上動向チェック	緊急対策々定	経営提案	対策実施	
「管球」競合見積実施	購買	△千万円	仕様書作成	候補業者選定	見積説明会／見積提出	見積評価	業者決定
			〈以下、略〉				

【第六節】 発注単価表の作成

「市場価格」を把握する前提として、現在発注している価格が幾らなのかを把握することが必要である。これは体重や血圧を毎日測定し管理するのと同じで、「発注単価表」は発注する度に単価を記録し、更新するコストの「健康管理表」とも言える。

「発注単価表」の作成は「競合見積」と並行して取り組んだ課題であるが、やってみて大変な労力を要し、完成するのに１年以上を費やした。因みに「発注単価表」とは物品の場合、「品目」「発注単価」「発注業者」「メーカー」、色・柄・サイズ等の「仕様」を一覧表としたものである。

当初は「発注単価」が幾らなのか分からず、また分かっても各店各様であり、下手をすれば「一物数価」と言う様なものもあったので、先ずは出てきた単価から特別な場合を除き、最低単価を「基準単価」とした。そして「基準単価」を基にそれ以降に実施した「競合見積」で決定された発注単価でもって「発注単価表」を更新していった。

これを使って「競合見積」を行うと「発注価格」にブレが無くなり、市場価格を常に意識しての発注ができる様になった。それとともに、「発注単価表」を作成してみると発注品目の多さ

が一目瞭然となったので重複・類似する品目の絞り込みも併せて行った。そして「発注業務の集約化」に合わせて、各店独自の発注を禁止するルールを作るとともに、「発注単価の統一」を戦略として掲げ、発注専門の担当を「ＳＳ統括部」に設置した。

〈追記〉

★「コスト削減」のコンサルティングをやっていて、クライアントに最初に尋ねることは「発注単価表」があるかということである。「単価表」が無い場合は現状価格から確実に10％は単価削減ができると言っても過言ではない程の重要なツールである。

【第七節】ローコスト・キャンペーンの実施

「コスト削減」を全従業員に関心を持ってもらうために「ローコスト・キャンペーン」という名称で「コスト削減策」のアイディアを募った。応募者は個人でも仲間によるチームでも可とし、応募された施策の中で削減額が大きい施策には「社長賞」等を贈呈し喚起を行った。

応募されたアイディアの中には、各店で祝日に掲揚される国旗のサイズや素材が異なり、価格に差があるので統一すべきであるという、我々では見逃している様なアイディアもあって、予

想以上の手応えがあった。受賞したアイディアを実行すると賛同が得られたので、大変役に立つとともに、毎回応募してもらえるチームも出てきて、社内の関心の高まりを実感することができ、有効なツールの一つとなった。

〈追記〉

★「コスト構革部」がキャンペーンの事務局を担当していたが、結果発表をするに当たり、応募があった100件以上のアイディア全てに削減額の試算と実現性の判断が必要であった。そのため事務局を担当していた松田スタッフ（当時）はアイディアの整理と評価に最低3ヵ月は忙殺されていた。

【第八節】中期戦略の明確化

何を今更と思われるかもしれないが「コスト削減」に於いても、緊急対策の繰り返しでは短期的な課題しか解決できないため、構造的課題の解決を行うためには中期戦略を策定する必要がある。

各企業に於いて強み・弱みや機会・脅威が異なり、取り巻く環境や特性も異なるので「コスト削減」戦略は様々となるが、ご承知の通り「戦略」策定により組織の方向性を明確にし、全員のベクトルを一致させるとともに、資源を集中投下しなければ

課題解決は進まない。

大丸の場合は物品や業務の「発注」が各所で行われており、全体を管理する組織も曖昧なことから、同じものでも発注価格が異なっており、大きな損失となっていた。そこで「ＳＳ統括部」の最初の中期戦略として「発注価格の統一」を掲げ、願わくは日本一安い価格での発注を目指した。

これを実現するためにはデータベースとなる「発注単価表」の整備が必要であり、全ての発注物品・業務の単価を把握するとともに、発注物品・業務品目のなかで重複したものや類似したものの集約化を行った。

そして、「発注単価の統一」の推進に当たっては、「ＳＳ統括部」の各担当部長の直轄として「発注担当」を設置し、各所に散在していた発注業務を集約化するとともに、発注に於いては常に「競合見積」の実施を徹底した。

「発注単価の統一」の目途が立つのに３年を費やしたが、次に掲げたのは「業務の内製化」であった。背景として百貨店業では売上が下降傾向にある中で、人的生産性が上がらず、経営的には人員が余剰となっていたため、この問題は担当である「人事部」の課題となっていた。

「コスト構革部」としては「人事部」の課題ではあるが、解決策が提案されていないことから、コスト面から検討してみる価値があると思い、次の戦略課題として外部委託しているコストを社内の人員で補えば流出コストが幾ら削減できるかについて検討を行った。

部下の林スタッフ（当時）に外部委託している中で清掃や警備等の人的作業分が幾らあるかを調べてもらったところ、約150億円あることが分かった。その中で専門技術の必要な業務や特殊業務を除き、誰でもできる業務を拾い上げてみたところ最低でも30億円あった。

これは一人当たり委託費を年間3百万円としても1千人分に充当することから、大きな効果が見込めると思い「戦略会議」に提案したところ、奥田会長（当時）からは『君は人事部に早くしろと言っているのだな』と言われて、「人事部」と一緒に進める様に命じられた。

実現させるには人の受け入れ先を探さねばならないが、取引のある業者にお願いするとそれが弱みとなって、次回から「競合見積」等のビジネスライクな関係が維持できなくなっては困るので、お願いするのは止めた。

その代わりに、本社・各店等、社内の外部委託業務を新たな担

当組織やＳＳ会社を受け入れ先として社員に置き換えた。ＳＳ会社では外部委託業務を社員に置き換えるとともに、これまで積極的に進めていた社員から有期雇用人材への転換を一旦中止とし、再度社員に置き換えた。

置き換えた社員全員を本社・人事部所属として受け入れ先の本社・各店・各社へ出向してもらったが、受け入れ先の支払金額はこれまで支払われていた外部委託費と同額としたので、受け入れ先の負担は変わらなかった。

この様に第一次の中期戦略を「発注単価の統一」とし、第二次を「外部委託業務の内製化」とした。いずれも条件整備には若干手間取ったが、全員で必死になって取り組めば高い目標も何とか達成することができた。

〈追記〉

★戦略実施に当たって目標金額は何時も私が分析された結果を基に決定するが、それが最大に努力すれば達成できそうな上限一杯の数字を設定していたので、部下は最初の内は非常に戸惑っていた。しかし繰り返しトライしていくうちに、高い目標でも現状をゼロベースで見直し、多面的に検討すれば達成できる策を見つけることができたことから、その後は私が設定する「目標金額」については文句を言うこと無く、チャレンジして貰える様になった。

★松坂屋との経営統合に於いて、コスト担当者の「合同会議」を重ねる中で、最後に中期戦略の「目標削減額」の設定を行うこととなった。これまでの論議から松坂屋の発注単価が大丸よりも数段高く、発注品目も数多く見られたので、これらを整理し価格統一・品目統一を行うと、3年で150億円程度の金額が削減できると試算することができた。そこで中期戦略の目標額を150億円削減で設定したところ、戦略決定の会議直前になって松坂屋側から金額は出さずにブランクとしたいとの申し入れがあった。経営への戦略説明で目標を具体化せずに説明しても無責任であるため、会議直前ではあったが松坂屋の安達常務（当時）と急遽、話し合いを行い何とか了解して頂いた。

これをもってＪ．フロントの岡田会長・奥田社長（いずれも当時）に戦略説明を行ったところ、岡田会長から『期待できそうだ』と言われて了承となったが、3年後に部下の林スタッフ（当時）からコスト削減実績が220億円になったとの報告を受けた。

目標を明確にすると『できなかった時に責任を問われる』とのことで、明確化せずにリスクを避けようとする姿勢は以前の大丸にも数多く見られたが、奥田社長になってからは『コミットメントが重要』と常々言われ、払拭されていた。経営統合に於いて松坂屋メンバーに「コミットメント」の重要性について説明を行い、これまでの考え方を変えて貰うことができたのは一つの成果ではないかと自己満足をした覚えがある。

【第九節】シェアード・サービスは有力な　　　　　　　　コスト削減策

「ＳＳ統括部」を担当し「コスト削減」も継続担当となって初めて分かったことであるが「シェアード・サービス（＝ＳＳ）」の目的も「コスト削減」ということであった。「緊急対策」は全社に対して実施を強制する「プッシュ型」の方法であるのに対し、「ＳＳ」は全社のコスト管理部門を集めて効率化をはかるという「プル型」の方法であり、方法は異なっても両方の担当になったということはコスト担当として当たり前のことであった。

大丸ではこれまで各部門で共通する業務を一部門に集約し、効率化をはかる「ＳＳ」という概念がなかったが、組織発足の1～2年前に小島取締役（当時、元Ｊ.フロントリテイリング㈱常務）をリーダーとするプロジェクトチームが発足し、そこで検討し提案されたものであった。

「ＳＳ」について私は全く知識が無かったが、突然、担当者となったので、慌てて「ＳＳ」の本を買って読んだ記憶があるが、同様に「シェアード・サービス会社（以後、ＳＳ会社と略）」と指名されたグループ会社各社も大変だったに違いない。

これまで大丸ではグループ内の各社を売上も利益も大きな百貨店業は別格として、それ以外の会社の中でグループ外顧客を対象とする企業を「関連事業会社」と総称していた。その中には売上１千億円規模のスーパーマーケット事業を始め商社やレストラン等の企業があった。一方、グループ内顧客を対象とする企業は「その他のグループ会社」と呼ばれていた。「ＳＳ会社」は後者の企業グループを対象としたものであり、発足当時のＳＳ会社は「物流」「クレジット」「商品試験」「システム」「リース・不動産」の５社であった。

担当になって最初に行ったのはＳＳ各社の社長を集めて「会議」を行い、現状の課題と業績の確認を行った。そこで出てきたのは人事考課や制度への問題点が中心であったが、看過できなかったのは業績について、これまでは『利益を出すな』と言われてきたという発言を聞いた時であった。

それでは事業を経営する意味が無いし、従業員のモラールも上がらないのではないかと尋ねた。すると各社長からは『グループ内のことをやっているので損失を出してはいけないが、儲けも出してはいけないということをこれまでの統括部門から言われていた』との意見とともに、『これでは事業意欲が失せる』との不満の声が上がった。

そこで「ＳＳ会社」となったのだから、『これからは利益を最

大に出すように方針を変える、また利益が出ればその分を評価する様にする、これらは全て「ＳＳ統括部」が責任をもって人事部と折衝する』ということで了解してもらった。

「ＳＳ会社」の損益構造は「その他のグループ会社」の時代から顧客がグループ内であるということで、原則、「売上高」はＳＳ各社の人員に応じて「人件費」と「運営費」を合算した「原価」分の金額で設定されており、売上高＝原価であることから「利益」は「ゼロ」で設定されていた。（但し、「リース・不動産」会社は売上に対して人員が少ないため「利益」が計上されていた）

「ＳＳ会社」となっても「売上高」の設定は変わらなかったので、利益を出すためには「業務の標準化」や社員の欠員をパートタイマーで補充することによって「原価」を削減し、利益創出を行った。その結果、「ＳＳ会社」各社合計の初年度の営業利益は7.7億円と前年から3.6億円の増加となった。

「ＳＳ会社」で計上した利益はグループ内企業の業務コストの中に埋没していた無駄を絞り出した結果であり、ＳＳ化を行わずに、グループ各社に「コスト」が散在されたままでは絶対に出て来なかった利益である。

そして翌年からは年度開始前に受託料の値引き分を予算化し、

百貨店を始めとするグループ各社のクライアントに「貢献額」という名称で利益還元した。これは「ＳＳ会社」が利益を出すだけではなく、「顧客第一」であることを示すために考え出したものだが、決定に当たってはＳＳ各社々長から年度途中なら未だしも、年度開始前は予見が困難であることから逡巡する意見が出た。しかしＳＳ会社の戦略の一つが「顧客志向」であること、それと年度途中での値下げは贈与と見做される恐れがあることから、年度開始前で納得してもらい実行した。

これを受けて人事担当役員へ説明を行い、今後のＳＳ会社の評価方法をこれまでの「営業利益」に加えて「貢献額」を合算した「金額」とすることで了承してもらった。

「ＳＳ会社」の構成企業は発足時から２年後には「クレジット」と「商品試験」の両社が売上においてグループ外顧客のウェイトが高まったことから「関連事業」に移管となった。残った「ＳＳ会社」は「物流」「システム」「リース・不動産」に加えて「システム」から分離した「事務処理」の４社となった。

「ＳＳ会社」の業績は毎年予算達成を続けて、５年後の松坂屋との経営統合時は企業数が９社となり、営業利益10億円、貢献額３億円まで出せる様になった。これまでの「その他会社」から「ＳＳ会社」というグループに変わり、業務の「標準化」と「顧客第一」を戦略として掲げ、営業利益と貢献額の両面か

ら成果を挙げた結果、各社ともに組織が活性化し企業価値も高めることができた。

「ＳＳ会社」とはクライアントから委託された業務コストを業務の効率化でもって「コスト削減」を行い、利益を出すことを目的とした専門企業である。これを「コスト削減」の一方の柱として活用しない手は無いが、それにも増して業務に携わる人々のモラールが上がるのが何よりの成果であった。

＊「シェアード・サービス」は「コスト削減策」の一つであるが、「ＳＳ会社の設立」と言う観点から「基盤整備」の中で取り上げた。

〈追記〉

★ここで触れた「事務処理」会社についてはその前身が「後方部門改革」によって設置された組織であった。業務は本社各部門の計算・入力等であったが、本社ビルの最上階のフロアに本社内から集められた多数の社員が詰め込まれており、何とも言い難い雰囲気の事務所であった。

その原因は「後方部門改革」が行った手法が、同じような業務に携わる人を「集めた」だけであり、人を集める前に先ずは業務の「標準化」を行い、業務を集約化することが必要であるのにそれを行わず、更に業務特性を勘案しての人を評価するルールを用意しておかないとモラールが上がらないのだがそれも欠落しており、全く人を人とも思わない乱暴なやり方であった。

そして１年後にはＳＳ会社の中のシステム会社に移管・統合されたのだが、そこでもシステム業務は上位業務、事務処理業務は下位業務という様な扱いがみられた。

担当役員としてとても放置できないとの思いから、「ＳＳ推進」担当の小泉部長（当時、前㈱大和取締役）に指示し、「事務処理」業務を切り離し「新会社」設立案を策定してもらった。その結果、平成18年（2006年）に新会社「㈱ビジネス・サポート」としてスタートすることができた。

発足時の業績は他のＳＳ会社同様に、「人件費」と「運営費」を合算した金額を「売上」として計上するものであるため、そのままでは利益が出なかった。そこで業務の標準化を進めて、人員の見直しを行うとともに、社員が退職した場合は社内の人員の振り回しを行うことやアルバイトで補填することを実行してもらった。その結果、ハイコストの社員の比率を下げていくことにより営業利益が創出でき、併行して「貢献額」も捻出することができる様になった。

窒息するような組織であったのが、成果を挙げることによって評価も上がることを実感するとともに、「貢献額」を増大させることによって顧客に貢献しているという意識が生まれ、組織全体が見違えるほどに活性化していった。

①全社のコストを管理する組織を設置し、全社コスト予算の編成から「コスト削減」立案・指示までの権限を付与

②現業部門の「ライン化」によって指示を一本化

③コスト担当者会議を主宰し、担当者をコントロール

④全社のコスト予算担当範囲を明確化

⑤「発注単価表」はコスト管理の指標であり、「競合見積」には不可欠

⑥「ローコスト・キャンペーン」実施で全社の意識喚起

⑦「中期戦略」を策定し、構造的課題を解決

⑧「シェアード・サービス」は有力なコスト削減策

＊「環境整備」の中で①「全社コスト管理組織」の設置、③「コスト担当者会議」の主宰、及び⑤「発注単価表」作成の3つは最低限必要

第二章

コスト削減の
考え方

第二章は「コスト削減策」を策定するに当たって、どのような視点から行えばよいのか、着眼点及び留意すべき点を列記した。

【第一節】 コストから利益を出す

如何なる企業であれ企業活動によってステークホルダー（株主、顧客、従業員、取引先、地域・社会）の期待に応えることを求められているが、その原資となるのが利益である。

「利益＝売上－コスト」で表わされるように利益は売上とコストの差をどれだけ拡大できたかということで決まるので、利益を上げるためには売上はできるだけ上げ、コストはできるだけ下げることが必要である。

売上の管理とコストの管理のどちらか一方が疎かになっても経営は上手く回らないので、売上を上げることとコストを下げることは常に一体的に考えねばならない。

総じて各企業では、「売上強化」は「攻め」のイメージがあり「やっている感」が強いので積極的な取り組みとなるが、「コスト削減」は「守り」のイメージが強いため、消極的な取り組みしか行われておらず、コスト削減施策の内容も掛け声程度のものが多く、これでは成果は期待できない。その原因は社内にコ

ストに精通している人が極めて少ないために、全社レベルで
は「コスト削減」の価値が理解されていないことが原因であり、
それを解消するには「コスト削減」で成果を発揮させ、結果で
示すしか道は無い。

これまでも述べてきた様に、私が「コスト削減」の価値を経営
に認知してもらえたのは、偶々ではあったが予算ができないと
言う瀬戸際に「コスト削減策」を提案し、間一髪ながら「予算
達成」という「結果」が出せたからである。

この様に「コスト削減」に馴染みがない企業で注目されるには
業績が瀬戸際に追い込まれた時に成果を出すのが一番であるが、
タイムリミットがギリギリにも関わらず、期待に応える結果を
出す必要があるので大変重圧の掛かる仕事である。

しかし、これを乗り越えなければ「コスト削減」はなかなか認
知されないので、コスト担当者は「利益目標の達成」という一
点から常に売上の進捗状況を睨み、利益の不足分を補填できる
コスト削減策を準備しておくことが必要である。例え億単位の
削減額であろうがやらねばならない時には徹底してやらねばな
らないので、『絶対に利益を出す』という強い覚悟が必要であ
る。

<追記>

★私が執行役員になって思ったことは５つのステークホルダーの利害の一致するところを判断基準とすれば間違いが起きないのではないかということであった。例えば「競合見積」の実施でも落札した取引先はビジネスの拡大となり、下がった価格分を他のステークホルダーに配分すれば全ステークホルダーの利害が一致することとなる。

【第二節】コストは課題解決に使う

コストは何のために使うのか、それは「課題を解決するために使う」ということ、これが基本である。

コストを使う場合、期待する効果を数値で具体的に設定しておき、コストを使ったら期待した効果が得られたかどうかを確認することが必要である。

例えば、人員が足りないからアルバイトを雇う、売上が悪いから宣伝を打つ・・・等でコストを使う場合、アルバイトを何人雇って業務を何日で完了させるのか、宣伝費を幾ら使って集客数や売上を幾ら上げるのか・・・というような目標を事前に設定し、終了後に目標通りの効果が得られたかどうかを検証せねばならない。

よくあることだが、目標を設定せずにコストを使ってしまった、もしくは目標は設定したが検証無しでお終いとしてしまった、ということが見受けられるが、これらはコストを使うことが目的化しており、課題を解決するという目的を忘れていることが大きな原因である。

また、前年にコストを使った実績があるから今年も同じ様に使う場合、何となく認められることが多いが、それで課題解決ができるのかどうかは別物である。昨今の企業環境は毎年同じことが起こるのが稀な程、変化が激しくなっており、前年は有効だったからといって今年も同じ効果が期待できるとは限らない。

コストを使うに当たっては「解決すべき課題は何か」を常に明確にし、「課題解決」ができたかどうかの結果確認が必要である。

〈追記〉

★大丸では「コスト削減」の成果が挙がったことにより、全社の事務部門等、後方部門の人事考課を変えることができた。これまでの人事考課は「売上高」と「営業利益」の２項目で行われており、各項目で予算達成度が100％ならば５点、105％ならば６点、110％ならば７点・・・と加点され、逆に95％ならば４点、90％ならば３点・・・と減点され、評価は２項目の得点の合算で行っていた。即ち、「売上高」と「営業利益」の

合計得点が10点ならば「標準」とし、11点以上は高く、9点以下は低く評価され、その結果が昇給・昇格や賞与に反映されていた。

この評価方法が全社一律となっていたので、「売上高」と関係が無い後方部門担当者まで「売上高」と「営業利益」で評価されていたが、これでは担当者が「コスト削減」で幾ら努力しても「営業利益」でしか反映されないため非常に片手落ちなルールとなっていた。

これは何とかしなければと思い、「戦略会議」で奥田会長（当時）に直訴を行った。その結果、後方部門の評価は「売上高」を外し、「販管費」と「営業利益」に変更となった。

これによって、後方部門の担当者は自分が関与できる項目で評価されることとなり、売上が悪くても諦めること無く、利益目標達成のために「コスト削減」で頑張れば評価され、会社に貢献できることが実感できるようになった。

これまで全社が一律の人事考課であっても全く疑問が出なかったということは、会社は売上しか関心が無いということであり、企業戦略として「コスト削減」に一度も取り組んでいなかったことを証明している。

【第三節】 コスト削減で事故は起きない

「コスト削減」を行ったことによって事故が起きたというようなことを耳にするが、長年「コスト削減」に携わってきた者としては非常に腹立たしい思いである。

それは「コスト削減」を行ったのではなく「コストを下げるために品質も低下させた」ということであり、全く異質のものである。本来、「コスト削減」とはコストを下げても品質は維持するものであり、そこには大変な知恵と努力が必要である。

コストを下げるのに合わせて品質を低下させても良いのであれば、それは「手抜き」以外の何物でも無い。コスト削減対象の物品や業務の品質を低下させずにコストを下げることこそ、コスト担当者の本来の業務であり、そのために日々あらゆる側面からコストを見直し、最適な組み合わせを考え続けている。

【第四節】 評価基準は市場の眼

コスト担当者にとっては物品や業務を発注する場合、発注価格がこれまでよりも安く、市場価格と比較してみても納得できる価格で手に入れられるかどうかがポイントである。

その為には現在発注している物品・業務の仕様別「単価」を知り置くとともに、業界動向を把握し、市場価格をチェックすることが必要である。これを行うには発注している物品・業務の「発注単価」の掌握・管理が必要であり、見積書も表示が「○○一式」というものではなく個別に単価検証できる詳細なものでの受け取りが必要となる。

このような準備によって、現在発注している物品・業務に対して価格が妥当なものかを確認することができ、これを常日頃から行っていると価格の変動があっても臨機応変に対応することができる。

「市場価格」を把握するには大変な時間と労力が必要であるが、手っ取り早く知る方法としては「競合見積」の実施が一番である。「競合見積」を実施するというと大変なことと思われるかもしれないが、先ずは現在取引のある業者だけでも良いので、発注している物品・業務の中で同じものなのに複数の業者に発注しているものについて「競合見積」をやってみるとよい。

「競合見積」を実施してみると、これまでの価格がいかに高い価格だったのかがよく分かるし、更に新規の業者を加えてやってみると思わぬ価格が出てくることもあるので、「競合見積」は「市場の眼」から「価格」を見るための重要な手段である。

★部長を集めて、『これまでは業者から接待を受けていたかもしれないが、今後一切禁止する、その代わり「競合見積」を徹底して行い、利益を挙げることによって会社から評価してもらえる様にするので頑張って欲しい』と申し渡したところ、全員が「競合見積」を徹底実施し、成果に繋がった。

【第五節】 コストも「単価」×「数量」

「コスト」は売上と同様に「単価」×「数量」で構成されているが、ご承知の通り「コスト」の場合は売上とは逆であり「単価」や「数量」が下がると「コスト」が下がり、それ以外では「コスト削減」は実現できない。

従って「コスト削減策」は「単価削減策」と「数量削減策」に区分することができるが、「単価削減策」は外部折衝が必要なものが多く実施までに時間を要するため、施策として即効性には欠けるが、コスト構造を変える施策であるため実現すれば効果は大きく、且つ持続する施策である。また、発注担当者の努力のみで実施できるため、コストを使用するユーザーはこれまで通りの数量を使えることができ、負担を強いることは全く無い。

一方、「数量削減策」はコスト構造を変えること無く、ユー

ザーの協力さえあれば即座に実現できるが、ユーザーの数が多ければ多いほど達成度は低くなるのでユーザーに徹底できるかどうか、そして持続できるかどうかが大きなポイントとなる。これまで触れてきた「緊急対策」が「数量削減策」であることからも全員への周知徹底が重要なのはそのためである。

【第六節】コスト構造の構成要素を変える

前節で「コスト」を変えるには「単価」を変えるか「数量」を変えればよいと言ったが「コスト削減」を考えるに当たって、「コスト」の勘定科目である「人件費」「施設費」「宣伝費」「運営費」等の大きな区分のままで「単価」や「数量」を変えるといっても、包括的な括りのため、何をどうしてよいのか掴みどころが無く、アイディアがなかなか浮かんでこない。

そのためには大きな区分の勘定費目を中区分・小区分へとブレークダウンして行くことが必要である。そして小区分のコスト費目の構成要素を抽出し、その一つひとつについて検証を行い、「構成要素」を変えることによって「単価」や「数量」が下がらないかということを検討していくと施策づくりに繋がっていく。

例えば「運営費」の中の「事務用品費」の場合、それに属する

「ノート」や「ファイル」等の品目を特定し、その品目を構成する「素材」「サイズ」「色」「発注担当者」「発注業者」「使用ルール」・・・等を抽出し、「単価」や「数量」を下げるためには『素材を変えられないか』『サイズを変えられないか』『色を変えられないか』『発注担当者を変えられないか』『発注業者を変えられないか』『使用ルールを変えられないか』・・・等を検討するということである。

構成要素を変えることによって今までの「単価」や「数量」が変わるということは「コスト構造」を構成している要素を変えることによって「コスト削減」ができたということであり、「コスト削減」とは固定化している「コスト構造」を「変動化」させるということである。

〈追記〉

★「コストは固定的なもの」と思ってしまえば、そこから1円も下がらないが、コストの変動化ができれば時代の流れやマーケットの変化に合わせて、コストを下げることができる。現状を変えずに一生懸命に努力しても僅かしかコストは下がらないが、固定観念にとらわれることなく構成要素を変動化させて、単価や数量が最大に削減できる組み合わせとすることができれば大きな成果を挙げることができる。コストの構成要素を変えるということは、常にコスト構造を「最大の成果を発揮できる組み合わせにする」ことであり、「コスト構造の最適化」を行

うことである。

★コスト担当者と話をしていて『これは変えられません』『これは無理です』という言葉がよく出てくる。特に「施設管理」や「宣伝広告」等の専門性の高い業務では、『専門家が言っているから』との一言で何となく了承される場面をよく見る。

しかし、踏み込んで理由を質してみると『以前からやっているから』とか、『変えるのに手間がかかり大変だから』というように論理性が無く、自分の都合で判断している場合が多い。

『変えられない』と言い切ってしまうと担当者は楽であるが、会社にとってはコストを固定化させてしまい、永遠に高止まりしたままとなるので、高いコストを払い続ける羽目となる。

【第七節】「ルール」「プロセス」「パワー」を決める

物事を実行するには、先ず「目的」を設定することが必要であり、設定した「目的」の達成に向けて、実行を規定するための基準や規定等の「ルール」が必要である。そして決められた「ルール」を遵守させるためには、実行の手順・方法等を規定する「プロセス」が必要となる。最後に、決められた「ルール」「プロセス」を遵守させるためには、実行を指示・点検等を行う「パワー」が必要となる。

これは「コスト削減策」の実施においても同じであり、「ルー

ル」「プロセス」「パワー」を「決める」ことによって、施策は有効なものとなる。

1 「ルール」を決める

多くの企業は「社則」に始まり「慣例」に至るまで何らかの「ルール」に則って行動している。業務を行う場合も勤務場所・勤務時間・業務手順等、決められたルールがある。コストは業務運営と密接な関係があるので、業務運営のルールを的確に設定し、それを遵守すれば無駄なコストは排除できる。

【ルールを決めるための視点】
- 「ルールがあるかどうか」
  「ルールが無い」のならば、「ルールを作る」
- 「ルールはあるが、守られていない」
  これは多くの企業で見うけられるケースであるが、再度全員に「ルールの周知徹底」を行うとともに、ルールを遵守しなければ「コストを使うことができない」ということを徹底させる必要がある。
- 同じ業務なのに、「各部門、各所で違ったルールがある」
  これは縦割り組織の力が強い場合によく見受けられる。ルールの運用状況をベンチマークし、各部門間の違いを定量的に明確化することによって、無駄の発生しているルールを排除し、「最適なルールに統一」する必要がある。

- 「不要または現状と合致しないルールがある」

  この様な場合、ルールによってもたらされるコストの無駄を明確化し、「ルールの廃止・訂正」を行わねばならない。特にＩＴ等の技術の進化とともに時代は大きく変わってきているので、業務のルールを定期的に点検する必要がある。

② 「プロセス」を決める

「コスト削減策」の実施に当たって業務プロセスが正しいのならば、決められた手順で決められた期限までに、的確に業務は進められ予定通りの成果が得られるはずである。「プロセスを決める」ことによって最適な業務プロセスが確立でき、業務コストの無駄の発生を排除することができる。

業務運営において「ルール」を決めたならば、手順等の「プロセス」を決めておく必要がある。「ルール」内であっても様々な方法で業務が行われていれば無駄が発生するので「プロセス」を決めることが重要となる。

【プロセスを決めるための視点】
- 「プロセスが無い」のならば「プロセスを作る」
- 「プロセスが守られていない」のならば「プロセスの周知徹底」を行う。
- 同じ業務の「プロセスが各所で異なる」のならば、同じプ

ロセスで業務を行うために「プロセスの標準化」を行う。
また、同じプロセスが各所にあって重複しているのならば、
同じプロセスを集めて整理し「プロセスの集約化」を行う。

● 「プロセスに無駄がある」のならば無駄を省き「プロセス
  の簡素化」を行う。

● 「業務量が多い、処理が遅い、不確かである」のならば
  「迅速性と正確性」を高めるために「プロセスの機械化」
  を行う。

● 「不要なプロセスがある」のならば「プロセスの廃止」を
  行う。

〈追記〉
★「標準化」は業務プロセスの効率化に非常に重要であり、
「集約化」や「機械化」等、あらゆるプロセスを効率化する場
合にも、先ずは「標準化」を行うことが必要である。

3 「パワー」を決める

「ルール」や「プロセス」を決めても削減策の実施の指示が無
いと誰も実行せず、成果の発揮に結びつかないので、施策の実
施に当たって「パワー」が必要となる。

「ルール」や「プロセス」を決めると同時に「パワー」の在り
方を見直し、「パワー」をどの様に決めれば施策は有効となる

のかを検証することが必要である。

【パワーを決めるための視点】
- 「パワーが無い」のならば「パワーを作る」
- 「パワーが弱い、機能していない」のならばパワーを明確化させるとともに専門性や論理性を強化し、パワーを「機能」させる。
- 同じ「パワーが各所にあり」個別各様にパワーが行使されているのならばパワーを「集約化」する。
- 「不要なパワー」は「パワーの廃止」を行う。
  専門性も論理性も無いのに、強権的な指示を行っている組織をよく見かけるが、それでは社内から共感を得ることができない。そのような組織は業務運営の阻害要因となるのでパワーの見直しやスクラップアンドビルドが必要である。

以上、「コスト削減策」を実施するに当たって「ルール」「プロセス」「パワー」の3つの条件を「決める」ことを述べたが、「ルール」を決めただけで「プロセス」や「パワー」は現状通りでも施策が実施でき、成果が見込めるものもあれば、「プロセス」や「パワー」も併せて「決める」必要がある場合もあるので常に、多面的に検討する必要がある。

これまでの経験からは「ルール」を決めると、それを進めるためには関連する「プロセス」を決める必要があり、更に「ルー

ル」「プロセス」を遵守・実行させるには、これも関連する
「パワー」を決めないと実施が困難な場合が多く見られた。施
策を有効に機能させるには、これらの3つが大なり小なり相互
に連携して機能するように設定することが施策実施に必要であ
る。

〈追記〉

★施設や物流等の専門的な業務ほど、「パワー」は強力である
が、組織は閉鎖的であり、職人的な人が多い。中には発注者と
いう立場だけで、発注業者から持ち上げられ、変なプライドを
持つ人もいる。行われている業務を見てみると、ひたすら自分
の担当で『事故が起こらない様に』ということだけに「パワー」
を駆使しているケースが多々見られるので、この様に偏った
「パワー」は再設定する必要がある。

① 「コスト削減」は利益を生み出すツール

② 「コスト」は「課題解決」のために使うもの

③ 「コスト」の判断基準は「市場価格」であり、それを知るには「競合見積」が一番

④ 「コスト」を構成する「単価」「数量」を下げるとコストが下がる

⑤ 「単価」や「数量」を下げるには、「コスト構成要素」を変えることが必要

⑥ 「コスト削減」とはコストの「構成要素」を変えて「単価」「数量」を下げること

⑦策定した「コスト削減策」を有効にするには「ルール」「プロセス」「パワー」を「決める＝設定する」ことが必要

第三章

コスト削減の方法

【第一節】各費目共通する施策

さてこれからが本題の「コスト削減策」について費目毎に述べていくが、抽出した構成要素から「削減策」を策定する中で、多数の費目に同じ施策が以下の様に出てきた。これらは言い換えれば、各費目に対して共通して有効な施策ということであり、これらの施策に絞って、徹底してやるだけでも大きな成果が得られる。尚、大費目の施策の冒頭でも共通する施策を重複して記載しているが、これは費目特性が異なるための補完説明であり、できるだけ簡略化したのでご容赦願いたい。

〔第一項〕申請審査の徹底

構成要素の申請「審査」に着目し、申請内容の可否を判断するための「審査」を徹底させる。

これまでは申請すればそれで承認と思われていたものを厳正化し、申請を受理した担当は「コスト」を使う内容を「審査」し、不適切であれば修正または却下の指示を行うというプロセスを徹底させるものである。

具体的には「申請」内容が予算や目標等の計画に基づいている

のかどうか、コストを使う目的が適正なのかどうか、規定や
ルールに則ったものであるかどうか、金額が割高になっていな
いかどうか、数量は必要最低限に設定されているかどうか、等
を審査し妥当性を判断する。

〈追記〉

★多くの企業では「申請」さえあれば承認するということが
多々見られる。それは「申請」を却下する権限が不明であるの
と担当者に於いて「申請内容」の修正指示や「申請却下」を行
うことによってわざわざ人間関係を悪くするよりも、黙って処
理した方が円満であり、手間が掛からないと思われているから
であるが、これは個々の担当者の問題では無く、見て見ぬ振り
を許している組織全体の問題である。

〔第二項〕 事前申請のルール化

構成要素の「申請時期」に着目し、コストを使う前にコスト使
用の可否を判断し、チェック無しでコストが使われるのを排除
するものである。

申請が「事前」であればコストを使う前に「申請内容」の
チェックができるが、「事後」であればコストは既に使われて
しまっておりチェックしても後の祭りなので、事前申請以外の

申請は全て却下とする。これをルール化し、担当には強制力というパワーを付与し徹底させる。

〔第三項〕 管理担当のライン化

「コスト削減策」を進めるには幾ら良い施策をつくってもそれを推進させる力が無いと絵にかいた餅となることは「第一章」でも触れたが、コストの管理がこれまでのやり方ではルールはあっても遵守させられないことや、各所にあって独自の判断で運用・管理を行ったりしていることによって、全社的に見るとコストの無駄が多数発生している。それを解決するためには本社の各担当の権限を強化するとともに、社内各所の「管理」担当を本社にライン化して指示・管理の一元化を行う必要がある。

「ライン化」するに当たっては本社と現場との役割分担を明確にさせ業務の重複を避けねばならない。本社は「管理組織」として全社コストの予算編成・戦略策定、「コスト削減策」の立案・実行指示及び、コストを使う際の可否の判断等を行う。現場は本社の指示を受けての「実行組織」として与えられた予算の執行や業務の効率的推進、「コスト削減策」の実施及びコストを使う際に「申請」を行う。そして契約や発注・決済等、集約化した方が効果のある業務はライン化に併せて本社へ集約化するものとする。

但し、この体制では本社の各担当部門で管理に較差が出る可能性があるので、それを防ぐためには本社・各部門を統括する上位組織の設置が必要である。

〔第四項〕 全社コスト管理組織の設置

前項の「管理担当のライン化」を進化させたものが「全社コスト管理組織の設置」である。全社のコスト担当を束ねる組織として、全社コスト管理の専門組織（名称は「業務本部」でも「管理本部」でも相応しいものであれば構わない）を設置する必要がある。

この新組織は、全社の「コスト・コントロールタワー」として、全社コストの予算編成・戦略策定、「コスト削減策」の立案・実行指示及び、コストを使う際の可否の判断等を行う。

〈追記〉

★大丸の「ＳＳ統括部」がこれに似たような組織であり、業務としては「シェアード・サービス（ＳＳ）」化の推進、ＳＳ会社の管理、全社コストの予算編成・戦略策定、「コスト担当者会議」の主宰、緊急時の「コスト削減策」の立案・実施、コスト使用の可否の判断、「施設」「物流」等の集約化した「発注」業務及びライン化した担当部門の運営・管理を行い、所属する

社員は常に4〜500人となっていた。

この専門組織には高い専門性と強い指導力が求められるが、専門性については全社の各担当から人選を行い、これぞと思う人材をメンバーとした。指導力については部下の各担当部長に対し、当部のミッションを明確化させるとともに当初は私の指示通りに動いてもらうようにしたが、直ぐに全員が率先して指導力を発揮できるようになった。

★業績の梃入れが必要な店舗・企業に対しては「ＳＳ統括部」の主宰により、当該店舗・企業と各々プロジェクトを結成し個別に支援を行った。また地方店ではコスト管理に精通した人材が不足していたため問題があれば適宜、現地に赴きコスト削減の支援・指導を行った。

経営統合後に於いても「コスト構革部」が中心となって松坂屋上野・静岡店の梃入れを行った。

上野店は営業利益黒字化を目標としてコスト削減策に加えて売上強化策も実施した。上野店との共同のプロジェクトチームには「コスト構革部」からは磯部部長（当時）を筆頭に部長全員が参画し、上野店も山本店長（当時）以下全部長が参画しての一大プロジェクトとなった。進め方としては共同で売上強化策・コスト削減策を策定し、計画通りに実施できたかどうかを確認するために毎月進捗会議を開催し、プロジェクト管理を徹底的に行った。その結果、「リーマン・ショック」直後にも関わらず黒字化達成となった。

静岡店も同様にプロジェクトを結成し、一棟借りしていた事務

所ビルの返却等、抜本的なコスト削減の実施によって安定的に利益が出せる事業構造に転換することができた。

〔第五項〕 競合見積の実施

「発注価格」に着目し、「発注業者」を固定化させずに常に「競争の原理」を働かせることによって適正な価格を獲得するものであり、物品や業務を外部へ発注する場合の施策である。

「競合見積」については第二章の「評価基準は市場の眼」でも触れている通り、物品や業務を外部へ発注する場合に適用させる施策であり、「発注価格」を常に複数業者による「競合見積」の実施により変動化させるものである。

「競合見積」を行うには物品や業務の「仕様」を事前に決めておくことが必要であるが、現在発注している物品・業務の「仕様」は発注書や契約書等を調べれば分かるので、それを使えば今すぐにでも「競合見積」は実施できる。

「競合見積」を行えば、当然ながら発注者は当該物品・業務を最安価格で手に入れることができ、一方落札した業者は独占的に受注することができる。更に「競合見積」を一度限りとせず繰り返し行うことによって、常に「市場価格」と連動した発注

価格が獲得できるとともに、発注業者の取捨選択が進み、優秀な業者との取引関係が形成され、強固なビジネスモデルの構築に結び付くこととなる。

常に市場をチェックし、発注単価が適切なものであるかどうかを検証し、最適な発注を行うことが担当者としての責務であり、そのための方法として「競合見積」は不可欠である。

〈追記〉

★大丸に於いて伝票や包装紙等の営業用の備品から事務用品まで担当していた「購買」担当は取扱品目数が多く、それに比例して取引業者数も多かったが「発注単価表」で「競合見積」の実施直後とそれ以後を比較してみると５年間で取引業者の顔ぶれも一変し、業者数も減っていた。この様に「発注単価表」からも「競合見積」によって取捨選択が進んだことが分かるので、もし取引業者が５年前と全く同じという企業があれば発注単価が変わっていないという恐れがあり、一度見直しを行う必要がある。

郵 便 は が き

5 5 3 - 8 7 9 0

018

大阪市福島区海老江 5-2-2-710

㈱風詠社

愛読者カード係 行

ふりがな お名前			大正　昭和 平成　令和　　年生　　歳		
ふりがな ご住所	□□□-□□□□			性別 男・女	
お電話 番　号		ご職業			
E-mail					
書　名					
お買上 書　店	都道 府県　　市区 　　　　郡	書店名			書店
		ご購入日	年	月	日

本書をお買い求めになった動機は？
　1. 書店店頭で見て　　2. インターネット書店で見て
　3. 知人にすすめられて　　4. ホームページを見て
　5. 広告、記事（新聞、雑誌、ポスター等）を見て（新聞、雑誌名　　　　　　）

風詠社の本をお買い求めいただき誠にありがとうございます。
この愛読者カードは小社出版の企画等に役立たせていただきます。

本書についてのご意見、ご感想をお聞かせください。
①内容について

②カバー、タイトル、帯について

弊社、及び弊社刊行物に対するご意見、ご感想をお聞かせください。

最近読んでおもしろかった本やこれから読んでみたい本をお教えください。

ご購読雑誌（複数可）	ご購読新聞
	新聞

ご協力ありがとうございました。

〔第六項〕 発注業務の集約化

「競合見積」は発注担当者がその気にさえなれば直ぐにできる
施策であるが、仕様書作成に始まり見積説明会から見積評価・
業者決定に至るまで手間が掛かる上、新規の業者に変えると、
指導・教育が必要であることから面倒な仕事と思われている。
しかし「競合見積」を行わずに発注業者を固定化すると、担当
者にとっては手間が掛からない上に、業者は業務に慣れている
ので「丸投げ」できて仕事が大変楽となるが、会社としては割
高な発注となり、大変な不都合となる。

「競合見積」を確実に実施させ、「発注価格の統一」を実現さ
せるには、社内各所において担当者の自由裁量で行われている
発注業務を本社に集約化し専門的に行う組織が必要である。組
織の設置は本社に「発注」担当を独立して新設するのが明解で
あるが、本社の各担当や前述の「全社コスト管理組織」に新設
しても問題ない。

社内各所の発注担当者はこれまで専門家として一目置かれてい
たことから総じてプライドが高く、なかなか自分の流儀を変え
ようとせず、このままでは抵抗勢力となる恐れが強い。全社の
「発注機能」を集約化するのに併せて、有能で影響力の強い人
材を選りすぐり「発注組織」に異動させれば戦力強化となる。

〔参考〕共通する「構成要素」

共通施策と同様に、コストの「構成要素」も同じものが多数抽出できる。本来は、「構成要素」は各企業の特性によって異なるため、丹念に検証せねばならないが、参考として抽出例を列記した。

〈共通する構成要素－例〉

● 当該コストを使う部門に与えられた費目別の「予算」

● 当該コストを使うための「計画」

● 当該コストを使う場合の「申請」時期

● 「申請書」書式・内容

● 「申請書」を受理・審査・承認する部門

● 当該コストの「使用・運用」規定

● 当該コストを管理・決済する部門・・・等が挙げられる。

更にコストを使って物品や業務を発注する場合には

● 発注物品・業務の「仕様」

● 発注ルール

● 発注部門・担当者

● 発注業者・・・等が上記に加えて挙げられる。

【第二節】 人件費関連施策

人件費の管理は人事部が担当しているが、総じて人事部は人事制度や要員計画・労務管理・教育等には関心が高いが、コスト管理への関心は希薄であり、専門の担当者が見当たらない。

コスト管理の業務を見ると、給与や賞与は経営や労使交渉で決定され総枠が決まっているため、設定された金額の範囲で評価基準に基づいて各部門に配分するだけであり、残業時間についても、各部門から申告があったものとタイムカードとの整合を行う程度であるため、「コスト管理」に関しては、大半が帳尻合わせに終わっている。

本来、人事部は多様な雇用形態の人材を効率よく活用し、生産性を高めることを行わねばならず、特にハイコストの「社員」がその給与に見合った生産性を挙げられているかどうかによって業績が左右される。人材と業務の整合性をコスト面から厳しく見るためには、組織としてコスト管理の重要性を強く認識し、偏った組織の価値観を変革する必要がある。

〔第一項〕 人件費関連・共通

〔施策−1〕 外部委託業務の内製化 (ないせいか)

社内に余剰人員がある場合、外部委託業務の内、専門性等を必要としない業務を社員が代替することによって「外部委託料」を削減する。

〈追記〉

★この施策は第一章の「中期戦略の明確化」で触れている通り、社員に余剰がある場合、コスト流出を防ぐために社員を活用するものである。清掃・警備・物流等、外部委託している業務全てに横断的に関わる施策であるが、社員を「出向」扱いとすることから、人事部の管轄となるのでここに記載した。

★社員に置き換える場合は外部委託業務をやらされているというイメージを払拭するために社内に「新組織」の設置や「新会社」の設立によって新たな業務というイメージを持たせるとともに、目標を明確化させ、モラールを向上させることが必要である。

★大丸では「出向者」については、これまでも銀行々内の顧客案内業務等、社外への出向を行っていた実績があった。その時から奥田会長（当時）は『出向者の給与が1千万円であろうが幾らであろうが、そのまま据え置きとし、出向先で支払われる給与分が会社にとってプラスとなれば、それで良い』と常々言

われていた。「内製化」の場合もそのルールを適用し、出向先の各店・各社の負担は出向者の給与と関係なく、外部委託料相当分としたため各店・各社は受け入れやすく、出向者は出向しても所得が保証されるということから、円滑に進めることができた。

〖施策−2〗 申請審査の徹底
申請内容の「審査」を徹底する。

〖施策−3〗 事前申請のルール化
申請書提出時期を「事前」に変更し、ルール化する。

〈追記〉
★私が本社に異動して早々に目にしたものは「経理部」で終業ベルと共に全員が席から立ちあがり『お疲れ様でした』と一斉に発声し勤務時間終了のけじめをつけていたことであった。これは当時の本社「経理部」では残業するのが当たり前という風潮が強い中で、担当役員の江川取締役（当時）がそれを払拭させるために発案されたと聞いた。組織全体でこの様に自発的に退社を促す光景を初めて見て、本社にもこの様な組織があるのかと驚いた。ルールで縛るよりも格段に優れた方法であったが、役員が代わったと同時にこの良き習慣も消滅したのは大変残念であった。

〖施策－4〗「申請」担当の権限強化

着目要素

「申請」担当の権限

変更点

「申請」担当の権限強化

内容

残業やアルバイト等の有期人材雇用の申請に対して「受理」「審査」「承認」のプロセス遵守と可否の判断を行うため「申請」担当の権限を強化し、「人件費単価と人員・時間」を削減する。

「申請」担当は「申請期限」のチェック及び申請された業務内容を「目的」「運用規定」「予算枠」等から審査し、不適切な申請及び人員や時間の過剰分について修正・却下の指示を行う。特に残業の場合、業務内容から見て割高な社員の変更・排除も行う。

〈追記〉

★これまで「申請イコール承認」と安易に承認されていたものをルールに則って厳しくチェックするものである。そのため「申請」担当には強力な権限を付与するとともに、現場に精通し使命感の強い人材を配置する必要がある。

「申請」担当は「残業」と「有期人材雇用」では業務が異なるので担当内で区分する必要がある。その位置付けは現状の「本社・人事部」とするが、これまでとは対応を一新させ厳格に行

うことを社内に周知徹底させることが必要である。

★ J.フロントの本社ビルに於いて「残業申請」の受理から承認は、人事部の担当であったがそのような動きが見られなかったので、仕方なく提案した「コスト構革部」が行った。やってみて「申請」と言う「入り口」を押さえただけでも、成果が得られることが分かったのは大きな収穫であった。

〖施策－5〗 管理担当のライン化

社内各所の「人事管理」担当を「本社・人事部」にライン化し、コスト管理を一元的に行うことによって「人件費単価と人員・時間」を削減する。

〈追記〉

★「コスト構革部」を担当していた頃は、全社の費目別経費を毎月チェックしていたが、特に目を引いたのは心斎橋店の残業代の管理の上手さであった。売上が悪いと残業代が連動して削減され、常に利益を確保していこうとする担当者の意志が資料を見るだけでよく分った。後に人事担当・櫻間マネジャー（当時）がやっていると知り、上司の業務推進部長に宜しく伝えて欲しいと言った覚えがある。このように利益確保に向けて真摯に頑張っている方が社内各所におられたことで非常に助けられた。

【「人件費関連・共通」削減策一覧】

目的	施策	着目要素	内容
数量削減	❶外部委託業務の内製化	外部委託業務	●外部に委託している業務を社員で代替
単価・数量削減	❷申請審査の徹底	申請審査	●申請内容の「審査」を徹底
	❸事前申請のルール化	申請時期	●申請時期を「事前」に変更しルール化
	❹「申請」担当の権限強化	担当の権限	●「期限遵守」と「申請内容」を審査・承認のため権限強化
	❺管理担当のライン化	各所の管理担当	●社内各所の管理担当を本社にライン化

〔第二項〕 残業代

〔施策‐1〕ローコスト人材の活用

着目要素

残業者の「時間単価」

変更点

残業者をハイコストな社員からローコスト人材に変更

内容

常に残業が発生する部門で専門性を必要とせず比較的単純な業務については、ハイコストな社員で行わず、最低限必要な社員を残してアルバイト等のローコスト人材を活用することにより「残業単価」の削減を行う。尚、ローコスト人材の雇用ができない場合は残業単価の低い社員を活用する。

〈追記〉

★残業が定期的に発生する場合はローコスト人材を固定的に雇用し組織化すればスキルも上がり、業務品質も高まる。もし業務に一定のスキルが必要な場合はＯＢの方を再雇用すれば最適である。ＯＢの方はこれまでの経験からスキルも高く、社内のルールにも精通しているので即戦力として打って付けである。要するに誰がやろうが業務が正常に遂行されれば問題無いので社員に拘る必要はない。

★松坂屋の店長会議で、高槻店の「残業代」が前月から半分に

削減されていたので、何が起きたのか尋ねた。すると、下田店長（当時）から私が会議で紹介した残業代削減策の『社員をアルバイトに変える』を、毎週の「催事」の入れ替え業務でやってみたところ、全く問題も無く、この様な削減ができたとの説明があった。いくら指示しても実行ができない店長がいる中で、真摯に取り組んで頂いたことを大変有難く思った。

〖施策−2〗残業ゼロの日の設定

着目要素

「残業時間」

変更点

残業不可の日を設定

内容

残業不可の日を設定し、全社または当該部門を一斉に「残業禁止」とすることによって、「残業時間」をゼロとする。

実施に当たっては事前に全社または当該部門に通達を流し、周知徹底する。「残業ゼロの日」当日は対象となる全施設にアナウンスを行うとともに、残っている従業員がいないか確認のために館内巡視を行い、照明の一斉消灯や設備の一斉停止及び全ての出入口の施錠を行う。

特定の日を「残業ゼロ」と設定してもその前後で残業が増えていては意味が無いので、毎日の業務計画をつくり、残業が発生しない様に何をもって業務を終了とするのかを決めておくことが重要である。

★このように強制的であっても「残業ゼロ」が実現できるのならば、これを定着させた後は一週間の中で特定の曜日のみ「残業有りの日」とし、残業する人のみが残るということもできるのではないかと思われる。いずれにしても「残業ゼロ」が本来の姿であり、残業がイレギュラーなものであることを知らしめることが重要である。

〖施策−3〗 既存制度の活用

着目要素

既存「制度」

変更点

既存「制度」を最大に活用

内容

残業が事前に予測できる場合、「変形労働時間制」や「フレックスタイム制」の既存制度を最大に活用し、発生した「残業時間」を期間内で吸収する。

〈追記〉

★制度を活用するには就業規則等への規定や労使協定で所定の事項を定めることが必要であるが、「1ヵ月単位の変形労働時間制」や「フレックスタイム制」は、原則として1ヵ月間の法定労働時間の枠内で勤務すればよく、残業があっても月内に勤務時間を調整すれば残業が発生しない。また、経理部の様に決

算前の数か月間に大量の残業が発生する部門では期間を1年とする「変形労働時間制」を活用すれば解消できる。

これらの制度は1ヵ月または1年という清算期間における総労働時間をあらかじめ定めておき、勤務者はその枠内で各日の始業及び終業の時刻を自主的に決定し働く制度である。業務量に「山」と「谷」がある業務や自己管理型の業務には最適であり、総労働時間の設定と併せてその中身となる業務計画も設定し、どの様に時間配分を行えば目標達成となるのかを決めておけば日々の業務が明確となり、残業するにしても計画化することができる。

〖施策－4〗残業不可の環境設定

着目要素

「残業環境」

変更点

終業後「残業」不可の環境に変更

内容

「残業認可部門」を除いて、「施設管理」担当は施設を巡回し、退出を促すとともに、定時で消灯・施錠し残業不可の環境とすることにより、「残業時間」をゼロにする。

〈追記〉

★偶々テレビを見ていたところ、ドキュメンタリー番組でアパレルメーカー社長の業務運営が紹介されていた。その中で、終

業のベルと同時に社長自ら「消灯」を行い、傍にいた女子社員に退出するように「声掛け」をされている場面があった。それを翌日の役員昼食会で奥田会長（当時）が取り上げられ、話が弾む中で『やってみようか』ということとなり、始まったものであった。

〖施策－5〗 勤務時間帯の変更

着目要素

「残業時間帯」

変更点

「勤務時間帯」を変更し「残業時間帯」を包含

内容

常に残業が発生する部門において、「残業時間帯」は変更することができず、逆に「勤務時間帯」を変更しても業績に支障が無い場合は「残業時間帯」を包含した「勤務時間帯」に変更し、残業を定時内業務とすることによって「残業時間」をゼロにする。

〈追記〉

★私が「若手」と呼ばれていた頃に勤務していたある部門では、当時業績が大きく落ち込んだことから担当役員は対策会議に連日出席のため、何時も午後6時過ぎになってやっと部屋へ戻られ、そこから指示が出るという毎日であった。部下も心得たもので日中は資料作りや雑談等で何となく過ごし、役員が戻られてから指示を受けた担当部長以下メンバー全員は業務開始と

なったが、これならば始業時間を午後6時に変更した方が残業
も発生せず、合理的ではないかと思った。

〔施策－6〕業務計画の策定

着目要素

「業務計画」

変更点

「業務計画」の策定

内容

上司からの突発的な残業の指示を抑制するために事前に「業務
計画」を作成し、上司に承諾させた上で業務を推進する。

〈追記〉

★毎日の様に残業が発生している部署は勤務時間内で処理でき
ない程に業務量が多いか、それとも人員が少ないかのどちらか
が原因であり、それが事故やお客様都合によるもの、または当
事者の小遣い稼ぎやサボタージュでなければ、全て管理者の責
任である。

通常、その日のうちに残業してまでやらないと会社が大変なこ
とになるような業務は滅多に無く、残業の大半は管理者の都合
や思いつきで発生している。管理者は残業を指示する前に、本
当に会社のお金を使って、しかも目の前に居るということだけ
で、ハイコストな社員を安易に残業させる必要があるかどうか
をよく考えなければならない。残業を少なくするには指示者で

ある上司への教育を組織として行うとともに「業務計画」を策定し、「業務計画」に則って毎日の業務を進めることを、上司に認めさせることが必要である。

「業務計画」が「残業無し」で作成されているのならば、毎日の業務は勤務時間内に終わるはずである。残業が発生する場合は計画された業務が何らかの都合で勤務時間外にオーバーランしてきたものであり、それは毎日起こるものでは無い。

「業務計画」作成については日々の目標数字がある営業部は作り易いが、そうでない部門は作りにくいとの声もあるが、事務部門の資料作成一つ取り上げても、どのような資料を何処まで作成するのかということを『今日は何を何ページまで』というように具体的に設定すれば目標が明確化でき、「業務計画」作成は可能である。

★ J.フロントの本社に於いて「残業」を減らす方法として行ったのは毎日14時から16時までを「集中タイム」と称して会議・打合せや外部への連絡を禁止し、自分の業務に集中する時間とした。これもＴＶ番組で紹介されたものを参考にしたものであるが、やってみて会議等に煩わされること無く、本来やるべき業務に集中することができ、大変有効であった。

【「残業代」削減策一覧】

目的	施策	着目要素	内容
単価削減	❶ローコスト人材の活用	残業単価	●申請内容をチェックし、ハイコストな社員からローコスト人材に切り替え
数量削減	❷残業ゼロの日の設定	残業時間	●実施日を特定し、一斉に残業禁止とすることをルール化
	❸既存制度の活用	既存制度	●「変形労働時間制」等、既存制度を最大に活用し残業時間を吸収
	❹残業不可の環境設定	残業環境	●終業後、消灯・施錠等により残業不可の環境設定
	❺勤務時間帯の変更	勤務時間帯	●勤務時間帯を変更し残業時間帯を包含
	❻業務計画の策定	業務計画	●事前に業務計画を策定し、上司に承諾させることによって、上司からの計画外の残業指示を抑制

〔第三項〕 アルバイト代

〖施策−1〗アルバイト人員・期間・時間の見直し

| 着目要素 |

「アルバイト人員・期間・時間」

| 変更点 |

「アルバイト人員・期間・時間」の削減

| 内容 |

「雇用」担当は業務目的・内容からアルバイト人員・勤務期間及び時間をチェックし、不要な「アルバイト人員・期間・時間」を削減する。

〈追記〉

★「アルバイト」や「人材派遣」は社員よりもローコストな人材であるため、安易に雇用されることが多い。特に前年実績等の過去の事例を踏襲し勝ちであるが「管理」担当は前例に囚われず、業務の必要性から人員や雇用期間を充分見極めて最低限の雇用とする様に指導することが必要である。

〖施策−2〗社員応援体制の整備

| 着目要素 |

「アルバイト」の雇用

| 変更点 |

「アルバイト」が行う業務を社員で代替

| 内容 |

毎年、定期的に特定期間、アルバイトを雇用する業務がある場合、社内各部門の繁閑度を見て、業務を停止できる部門、業務時間を短縮できる部門から社員を捻出し応援体制を組むことにより「アルバイト人員」を削減する。

〈追記〉

★毎年夏と冬の「中元」「歳暮」シーズンには大丸では「ギフトセンター」の売場を始め「物流センター」等で大量のアルバイトを雇用していた。業績の良い時は誰も気にも留めなかったが、業績が悪化してくると大変な出費となるためアルバイトの代わりに社員を強制的に応援として充当した。

主な応援部門である本社は全部門を土日に閉鎖し、原則として全員現場応援を行った。各店の人事・総務・経理を始め企画や宣伝部門も午前中は自部門で勤務し午後から全員応援を行い、それができない場合でも人員の半分を応援に行かせるというような方法を組み合わせて行った。各店の店長室勤務者も全員応援に出るので、店長は自室の鍵を持たされていた。

これらの実績を踏まえて「クリスマス」や「バレンタイン・デー」等のカレンダー行事へもアルバイトに代わって社員応援が拡大していったが、この様に定例化した応援は予め応援部門を決めておき、応援に行く現場も固定化しておけば、応援者に混乱が無く、スキルも向上する。

【「アルバイト代」削減策一覧】

目的	施策	着目要素	内容
数量削減	❶アルバイト人員・期間・時間の見直し	アルバイト人員・期間・時間	●不要な人員・期間・時間を削減
	❷社員応援体制の整備	アルバイト人員	●アルバイトを雇用する代わりに、社内業務を一時停止し社員応援で代替

〖第四項〗 通勤定期代

〖施策－1〗 最安路線を選択

着目要素

「利用路線」

変更点

「利用路線」を「最安路線」で購入

内容

利用可能路線が複数ある場合、「定期代」担当は「最安路線」での購入を指示し、「定期代単価」を削減する。

〈追記〉

★京阪神地区の場合、大阪・京都・神戸を結ぶ路線がJR・私鉄と複数あり、乗車駅と降車駅や定期購入期間によって料金が異なるので、何が最適か精査し、購入を指示する必要がある。

〖施策－2〗 購入月数の変更

着目要素

「購入月数」

変更点

「購入月数」の変更

内容

アルバイト等、有期雇用人材は何時辞めるか分からないという

ことで、1ヵ月ごとの定期購入となっていることが多いが、雇用期間が長期となっている人材については「3ヵ月または6ヵ月定期購入」とし、月当たりの「定期代単価」を削減する。

〈追記〉

★社員が再雇用された場合も有期雇用人材扱いとして定期代期間が短縮される場合があるが、再雇用の場合は長期勤務者が多いため、契約期間の確認が必要である。また、勤務日数が少ない場合は定期代支給ではなく、実費支給とする方が安い場合もある。

【「通勤定期代」削減策一覧】

目的	施策	着目要素	内容
単価削減	❶最安路線を選択	利用路線	● 利用可能路線が複数ある場合、最安路線での購入を指示
	❷「購入月数」の変更	購入月数	● アルバイト等、有期雇用人材の中で長期雇用が確定している人材については購入月数を変更

【第三節】 施設費関連施策

施設を管理する組織は専門性が要求されるということから、他部門との人事交流も稀であり、配属されたら定年まで在籍するのを当たり前とする徒弟制度的な組織が多い。そのため組織体制は年功序列が基本となっており、年長者であるトップの意向で運営が為されているため、非常に硬直化した組織となっている。

組織の価値観は建物・設備の安全確保、事故防止が最重視されることから「リスク回避」を第一としている。そのため業務のやり方や業者を変えることはリスクにつながるということで極力回避し、部外者が口出しをしようとしても『事故が起きたらどうするのか』との一言でシャットダウンして来た。

施設関連の主な業務は設備・清掃・警備であり、大半の業務を外部発注しているため、業務は「業者任せ」という状態になっている。

この様な組織が社内各所で独立して形成されているため、コスト管理に於いてもブラックボックス化し、排他的な管理となっている。これを打破するには「事故防止」という大義名分で隠蔽されている自己保身的な価値観を払拭し、外部から見ても妥

当性のあるコストの使い方に変えるとともに、現状の組織をスクラップアンドビルドしマネジメントスタイルの変革が必要である。

〖第一項〗 施設費関連・共通

〖施策−1〗 競合見積の実施

「施設費」の大半を占めている外部発注に於いて「競合見積」を実施し「発注単価」を削減する。

〈追記〉

★松坂屋との経営統合によって本社が大阪から東京となり、大丸では赴任者が多数発生し、社宅確保のため賃借契約を行う必要があった。赴任者が賃借物件を視察する前であったが仲介業者の「競合見積」を行い、2社で決定した。そして決定した業者の取り扱い物件から住居を選択するようにしたが、2社でも大半の物件情報がカバーできていたので全く支障はなかった。引越業者も「単身」と「家族同伴」の2通りに分けて「競合見積」を行い、1社で決定した。

〖施策−2〗 発注業務の集約化

社内各所の清掃・警備・設備・電力・リース・不動産等の「発注業務」を本社・各担当に集約化し、「競合見積」実施によっ

て「発注単価」の削減を行う。

★「発注」担当者は常に業界動向・業者情報の収集を行い、「競合見積」実施によって発注業者を決定するが、併せて、仕様書の見直しを行い、無駄な仕様は変更・排除することも必要である。

〖施策－3〗業者派遣常駐者の禁止

着目要素

「業者派遣常駐者」

変更点

「業者派遣常駐者」を禁止

内容

業者からの派遣者を常駐させると、「発注」が常駐業者に偏り、当然のことながら「発注価格」が固定化し高止まりすることから、無償での業者からの常駐派遣者を「禁止」とし、「発注単価」を変動化させる。

〈追記〉

★業者から派遣された常駐者は無償にも関わらず、業務に精通しており、何でもやってもらえるので大変便利だが、派遣常駐者が行っている業務は、本来は「施設管理」自身で行う業務であり、担当責任者の怠慢とも言えるものである。もし本当に必

106

要ならば業者と委託契約を結び、委託料を払わねばならない。更に常駐者を「施設管理」の一員として指示を行ったりすると「偽装請負」となるので絶対に行ってはならない。

〖施策－4〗申請審査の徹底

申請内容の「審査」を徹底する。

〖施策－5〗事前申請のルール化

申請書提出時期を「事前」に変更し、ルール化する。

〖施策－6〗管理担当のライン化

社内各所の清掃・警備・設備・電力・リース・不動産等の「管理」担当を本社・担当とライン化し、コスト管理を一元的に行い、「単価・数量」を削減する。

〈追記〉

★「施設管理」「リース・不動産」担当を「ＳＳ統括部」の傘下としたことから、予算編成から運用ルールの徹底まで、直接指示を行い、施設関連コストを一括して管理することができた。また、現場密着型業務ではない「リース・不動産」は担当者を「ＳＳ統括部」に集約化し一元的管理を推進した。

【「施設費関連・共通」削減策一覧】

目的	施策	着目要素	内容
単価削減	❶競合見積の実施	発注単価	●発注する際は常に競合見積を実施
	❷発注業務の集約化	各所の発注業務	●社内各所の発注業務を本社に集約化
	❸業者派遣常駐者の禁止	業者派遣常駐者	●発注が常駐業者に偏り、発注価格が固定化・高止まりすることから、無償での業者からの派遣常駐者を禁止
単価・数量削減	❹申請審査の徹底	申請審査	●申請内容の「審査」を徹底
	❺事前申請のルール化	申請時期	●申請時期を「事前」に変更しルール化
	❻管理担当のライン化	各所の管理担当	●社内各所の管理担当を本社にライン化

〚第二項〛清掃費

〚施策−1〛「臨時清掃」の包含

着目要素

「臨時清掃」

変更点

定期的な「臨時清掃」を基本契約に包含

内容

「臨時清掃」は「契約外」となるので別途料金となり非常に割高となる。例えば定例会議や半期に一度のパーティの後片付け等、定期的に発生する「臨時清掃」の金額を事前に設定して「基本契約」に包含すると、現状よりも「基本契約」料の総額は高くなるが、都度の「臨時清掃」請求分が削減できる。

〚施策−2〛「清掃」物件・箇所の見直し

着目要素

「清掃物件・箇所」

変更点

不要な清掃物件・箇所の見直し

内容

常に現場をチェックし、空き物件やほとんど使われていない通路・階段等があれば「清掃回数」の削減や「清掃の中止」を行う。

〖施策−3〗ポスト数の削減

着目要素

「ポスト数」

変更点

「ポスト数」を削減

内容

業務品質の維持を前提に、作業時間の見直しや業務の集約化により過剰な「ポスト数」を削減する。

〈追記〉

★ポスト数削減を行うには、清掃時間・手順の変更や早朝・夜間に分かれていた業務を集約する等の方法が考えられる。大丸では業務レベルを重視し、ポスト数は業者に一任した。

【「清掃費」削減策一覧】

目的	施策	着目要素	内容
数量削減	❶臨時清掃の包含	臨時清掃	●定期的な臨時清掃を基本契約に包含
	❷物件・箇所の見直し	物件・箇所	●空き物件や低利用物件・箇所の清掃回数削減・中止
	❸ポスト数の削減	ポスト数	●過剰なポスト数の削減

〔第三項〕 警備費

〖施策−1〗「臨時警備」の包含

| 着目要素 |

「臨時警備」

| 変更点 |

定期的な「臨時警備」を基本契約に包含

| 内容 |

「清掃費」と同様であるが、年に数回行われるイベント等の定期的な「臨時警備」の金額を事前に設定し、「基本契約」に包含することにより都度の「臨時警備」請求分を削減する。

〖施策−2〗 出入口の削減

| 着目要素 |

「出入口」

| 変更点 |

「出入口」数を削減

| 内容 |

利用度の低い「出入口」を集約化し、「警備ポスト数」を削減する。特に従業員用出入口等、社内用については最少に絞り込むことが必要である。

〖施策−3〗「警備」物件・箇所の見直し

| 着目要素 |

「警備物件・箇所」

| 変更点 |

不要な警備物件・箇所の見直し

| 内容 |

これも「清掃費」と同様に、空き物件やほとんど使われていない施設があれば施錠等を行い、「警備回数」の削減や「警備の中止」を行う。

〖施策−4〗ポスト数の削減

| 着目要素 |

「ポスト数」

| 変更点 |

「ポスト数」を削減

| 内容 |

「清掃費」同様、業務品質の維持を前提に、勤務シフト表や巡回スケジュール等をチェックし、過剰な「ポスト数」を削減する。

【「警備費」削減策一覧】

目的	施策	着目要素	内容
数量削減	❶臨時警備の包含	臨時警備	●定期的な臨時警備を基本契約に包含
	❷出入口の削減	出入口数	●出入口を集約化し削減
	❸物件・箇所の見直し	物件・箇所	●空き物件や低利用物件・箇所の警備回数削減・中止
	❹ポスト数の削減	ポスト数	●過剰なポスト数を削減

〚第四項〛 電気代

〚施策－1〛「価格折衝・競合見積」を経営が理解・支援

着目要素

「価格折衝・競合見積」

変更点

「価格折衝」や「競合見積」を行う前に「経営の理解・支援」
を追加

内容

現在、電力業界へは異業種からも多数の企業の参入があるが、
大手電力会社の影響力が根強く残っているところでは、「価格
折衝」や「競合見積」を担当者の一存でできる状況にはなって
いない。経営トップの理解・支援があればこそ、担当者がビジ
ネスライクな折衝を行える環境が整い「価格折衝」や、新規の
電力業者及び他地区の大手電力業者も加えての「競合見積」を
実施することができ「発注単価」を削減することができる。

〈追記〉

★嘗ては大手電力会社が各地域で独占的供給を行ってきたが平
成７年（1995年）から電力自由化が始まり、新規の電力業者
（ＰＰＳ）の出現により競合が可能となった。

しかし当時は大手電力会社が地元経済界の重鎮的存在であった
ことから、価格折衝を行おうとしても経営トップ同士での話し

合いで決定されることが多く、業者を「ＰＰＳ」に変えるなん
てことは滅相も無いことであった。

大丸でも電力料金の契約更改を迎えた折、電力自由化というこ
とで、「ＰＰＳ」に打診したところ既存の電力会社より5％安
いことが分かった。そこで奥田会長（当時）に電力料金の折衝
に当たってはこれまでとは異なり既存の電力会社に「ＰＰＳ」
も加えての「競合見積」を検討していることを説明した。会長
からは価格折衝は当然であり、既存電力会社から要請があった
ならば『土井と言う担当者が居るので相談するように』と言っ
ておくと言われた。既存電力会社との折衝では先方からはいつ
も通り契約継続で当然という態度で出て来られたが、『私が担
当責任者であり、金額次第では契約解除も辞さない』と申し入
れたところ、「ＰＰＳ」よりも大幅に値引きした金額提示があ
り決着した。

この様に経営トップの理解・支援があったので、強気の折衝を
行うことができたが、幾ら有能な担当者であっても経営のバッ
クアップ無しでは突破できるものでは無い。現在では考えられ
ないことかも知れないが電力自由化が始まった当時としては大
丸のケースは大変稀なことであり、大多数の担当者がトップの
支援が得られないまま圧力を受けて、価格折衝もできずに契約
となったのではないかと思われる。

★これと同じようなケースとして発注業者の中で過去の役員の
紹介であったり、政治家や地元の有力者の紹介であったりする
と『価格折衝をしてはならない、業者を変えてはならない』と

いうような不文律があることをよく耳にする。

私も㈱ＪＦＲコンサルティングの社長時代に、ある百貨店で飲料水・自販機の「競合見積」を指導した際に、既存のメーカーが選外となったところ、何処で聞きつけたのか分からないが大物政治家から奥田会長の所に問合せが入った。これも会長から政治家の方へ上手く断りの返事をしてもらったお陰で、クライアントに迷惑をかけることも無く収まったが、当事者の力だけでは全く解決できないことであった。

★総じて「競合見積」を行うと横槍が入って頓挫し、「競合見積」を行わないと何時までも割高な価格で購入させられるという様に、コスト担当者は二進も三進も行かない状況に陥る。これは全ての費目で起こることであり、これを打破するには経営トップの理解と支援が成否を握っていることを是非ともご承知願いたい。

〖施策－2〗 電気使用ルールの設定

着目要素

「使用ルール」

変更点

電気の「使用ルール」を設定

内容

- 不在時の照明の消灯やパソコンのシャットダウン
- 始業５分前の点灯・終業５分後の消灯
- エアコン温度の夏場 28℃・冬場 20℃設定

●使っていない応接室・会議室・トイレの消灯

●照明の間引き点灯・・・等、

勤務中の電気使用の際の「節電ルール」を明確化し「電気使用量」を削減する。

〈追記〉

★「電気使用ルール」の実施について戦略会議で提案していたところ、奥田会長（当時）から「2アップ3ダウン」も入れてはどうかとの提案があった。これはエレベータの使用に於いて2フロア上がる場合と3フロア降りる場合は階段を使うというルールであるが、電気代を抑制するので当然のこととして採り入れた。

★ある日、降下するエレベータに3階から数人が乗ろうとしたところ、奥田会長が乗り合わせておられて『君らそんな所から乗ったら土井君に叱られるぞ』とジョーク交じりで声を掛けられたことが漏れ聞こえてきた。会長自ら注意されるとは夢にも思わず、大変有難く思うとともに、注意するのにユーモアを交えるという絶妙さ加減は誰も真似ができるものでは無く、大いに勉強となった。

〚施策－3〛 節電機器へ変更

| 着目要素 |

「照明機器」

| 変更点 |

節電照明機器への変更

| 内容 |

照明機器の「ＬＥＤ」への変更や「人感センサー」導入により「電気使用量」を削減する。

【「電気代」削減策一覧】

目的	施策	着目要素	内容
単価削減	❶価格折衝・競合見積を経営が理解・支援	経営の理解・支援	●価格折衝や競合見積の実施を経営が理解・支援
数量削減	❷電気使用ルールの設定	電気使用ルール	●不在時の消灯・ＰＣのシャットダウン・エアコンの温度設定等、具体的な電気の節電方法をルール化
数量削減	❸照明機器の変更	節電照明機器	●照明機器の「ＬＥＤ」への変更や「人感センサー」導入

〖第五項〗 賃借料

〖施策-1〗 賃借料の見直し

| 着目要素 |

「賃借料」

| 変更点 |

割高な「賃借料」の見直し

| 内容 |

常に「実勢価格」をチェックし、それよりも割高な物件は賃料折衝を行い、「賃借料単価」を削減する。尚、折衝に際して最悪の場合は「解約」も辞さない覚悟が必要なため、事前に経営に相談しておく必要がある。

〖施策-2〗「電気代」の直接契約

| 着目要素 |

「共益費」

| 変更点 |

「共益費」に包含されている「電気代」を分離し直接契約

| 内容 |

「共益費」に包含されている「電気代」は価格が不透明で固定化されているため、非常に割高となる可能性が高い。これを解消するためにオーナーと折衝し、「電気代」を分離し電力業者との直接契約に変更する。

★賃借している商業ビルで、支払っている電気代を調べてみたところ現状単価の倍となっていることが分かった。契約更新時に担当の三好部長（当時、元ＪＦＲサービス社長）が粘り強く折衝を行った結果、「直接契約」とすることができた。契約締結時は熾烈なコンペを勝ち抜いたことで精一杯となり、電気代にまでは注意が及ばなかったものと思われるが、それから20年以上も経っておりもう少し早く気付いても良かったのではないかと思っている。

〘施策－3〙「賃借物件」の見直し

着目要素

「賃借物件」の利用度

変更点

低利用物件・遊休物件を集約化・返却

内容

「賃借物件」の利用状況を常にチェックし、ガラ空きの倉庫等の低利用物件は集約化するとともに、遊休物件は返却を行い「賃借物件・面積」を削減する。

〈追記〉

★「不動産」担当が傘下となって担当の杭瀬マネジャー（当時）に指示したことは物件リストの作成であった。このリストによって物件の必要性の順位付けを行い、保有物件の売却と賃

借物件の集約化・解約を円滑に進めることができた。特に松坂屋との経営統合後は物件が一気に増加したが、作成していた物件リストに基づき順位付けを見直すだけで整理できたので、売却・解約等の経営判断にも迅速にこたえることができた。

［「賃借料」削減策一覧］

目的	施策	着目要素	内容
単価削減	❶賃借料の見直し	賃借料	●割高な賃借物件は賃借料折衝を実施
	❷「電気代」の直接契約	共益費	●共益費に包含されている電気代を分離し、直接契約
数量削減	❸「賃借物件」の見直し	賃借物件の利用度	●低利用物件・遊休物件は集約化・返却

〚第六項〛 自動車リース料

〚施策−1〛 リース車種の統一

着目要素

「リース車種」

変更点

「リース車種」を統一

内容

「リース車」本体のメーカー・車種を統一し、それも可能な限り「低グレード」車で統一を行い「リース車両単価」を削減する。

〈追記〉

★大丸ではこれまでリース車両の選定が各店任せであったため、メーカーも車種もバラバラであったが、「リース」担当が「ＳＳ統括部」の傘下となって、リース会社だけでなくリース車両の見直しも行った。特にリース車の台数が多い外商車はこれまで外商顧客のディラーからの購入が多く、メーカー・車種が多種多様であったが、整理を行い一番便宜性が高く安価だったメーカーのＡＤバンで統一した。経営統合後、松坂屋の外商車両を点検したところ、以前の大丸と同様にメーカーも車種も多種多様であったので、ここも同一車種に統一した。

〖施策－2〗再リースの活用

着目要素

「車両状態」

変更点

「契約」終了後、「再契約」し継続

内容

「リース車」の使用度をチェックし継続使用しても支障のない場合は「再リース契約」を行い、「リース料単価」を削減する。

〖施策－3〗中途解約の禁止

着目要素

「解約手数料」

変更点

「リース車両」の中途解約禁止の徹底

内容

事前に「中途解約禁止」を徹底させて「解約手数料」の発生を阻止する。万一「中途解約発生」の場合は本社「リース」担当により「リース車両」を必要な部門へ振り回しを行い、解約を防止する。

【「自動車リース料」削減策一覧】

目的	施策	着目要素	内容
単価削減	❶リース車種の統一	リース車両単価	●リース車両を同一メーカー・同一車種の低グレード車で統一
	❷再リースの活用	リース料単価	●継続使用しても支障のない場合、再リース契約
数量削減	❸中途解約の禁止	解約手数料	●リースの中途解約禁止の徹底。万一発生の場合、必要部門に車両を振り回し

〔第七項〕 修繕費

〖施策-1〗臨時修繕の包含

| 着目要素 |

「臨時修繕」

| 変更点 |

定期的な「臨時修繕」を基本契約に包含

| 内容 |

「清掃費」「警備費」同様に、定期的に発生する設備・機器の点検や管球の交換等の「臨時修繕」の金額を事前に「基本契約」に包含することにより都度の「臨時修繕」請求分を削減する。

〖施策-2〗宿直勤務の統合

| 着目要素 |

「宿直勤務」

| 変更点 |

「設備」担当の「宿直勤務」を「警備」と統合

| 内容 |

「設備」と「警備」が同じ業者の場合、「設備」担当の宿直勤務による機器の点検業務を「警備」担当の深夜巡回と統合し「設備」担当の宿直勤務を廃止する。

「警備」担当に設備・機器の点検項目を指導し、巡回の際に異

常が検出された場合は「設備」担当に即刻連絡する。

〈追記〉

★「施設」業務に於いて24時間事故対応のための「緊急連絡網」がある場合、「警備」担当はそれを利用すればよい。

〔参考〕専門家をエリアで集約し共用

着目要素

「各所の専門家」

変更点

「各所の専門家」をエリア単位に集結

内容

社内各所に配属されている「設備」の専門家を地区等の「エリア」に集結させ活用する。平常時はエリアの拠点から各所を巡回点検し、異常が発生した場合は拠点から発生した現場に急行し解決を行えば人員の効率化となり、専門家の人手不足への対応にもなる。

＊これは「人の有効活用」に関するものであるため「参考」とした。

〈追記〉

★各現場に「電気」と「水廻り」の専門家を1名ずつ配属することは業務頻度から見て大変非効率であるため、複数の現場を包含して「エリア」として捉え、専門家に「エリア」全体を担

126

当させることによって人材の有効活用をはかるものである。

「修繕費」削減策一覧】

目的	施策	着目要素	内容
数量削減	❶臨時修繕の包含	臨時修繕	●定期的な臨時修繕を基本契約に包含
	❷宿直勤務の統合	宿直勤務	●設備担当の宿直勤務による機器点検を警備担当の深夜巡回と統合

【第四節】宣伝広告費関連施策

宣伝広告組織は社内各所で個々に独立して存立しているが、業務が専門性に加え、感性も必要とされるとの理由で「施設管理」組織以上に排他的・閉鎖的な組織である。

宣伝広告のコスト管理は請求金額との照合が中心であり、組織全体としての考え方は『我々は営業部であり、コストは削減するのではなく、使うもの』と言う意識が強く、特に企業イメージを訴求するような広告には費用対効果を考えずに潤沢にコストを投じる傾向が強い。

ここも「施設費」同様、コストの大半は外部業者への発注コストであるが、その管理は他の業務の企画・制作業務と区分されずに、社内各所でデザイナーやコピーライター等が一連的業務として処理を行っている。彼らは企画・制作には有能であっても、「発注」には精通していないケースが多く、発注価格の決定は通り一遍の疎かなものとなっている。更に企画・制作段階において業者に対し「無理」や「借り」があったりすると発注価格は全くのノーチェックとなることが多い。

コストの使い方について外部から『使い過ぎではないか』と問い質されても、担当者は情報を開示することは一切行わず、逆

に『広告費を減らして売上が下がったらどうするのか』という言い分でもって拒絶するため、コスト管理が遅々として進まない状況にある。

これらを是正するためにはコストに対する価値観を、宣伝広告費1円を使って、何人の人が集客でき、幾らの売上が上がったのかという「費用対効果」に改めるとともに、「施設管理」以上に、マネジメントと組織の抜本的な再構築が必要であり、組織トップを含めての人事刷新も検討する必要がある。

〔第一項〕宣伝広告費関連・共通

〔施策−1〕競合見積の実施

これまで片手間で行っていた発注業務を独立した専門の担当が「新聞」「DM」「折り込み」「装飾」等、宣伝広告の「発注」に「競合見積」を導入し、「宣伝広告単価」を削減する。

〈追記〉

★大丸京都店の高橋外商統括部長（当時）から「購買」担当に「競合見積」実施の応援依頼があった。高橋部長は以前に本社の「購買」担当部長であったことから、「競合見積」に熟知していたのを店長が知り、宣伝広告の価格見直しの指示があったとのことで、早速DM広告について「競合見積」実施のために

担当の帯刀部長（当時、前㈱ＪＦＲコンサルティング社長）に指示し、メンバーを京都店に赴かせた。

その結果、これまでの発注価格150万円に対して、新規の酒類・飲料メーカー子会社の印刷業者が提示した55万円で決定となった。「競合見積」となった途端にこれまで発注していた業者からも100万円の見積提出があったが、時すでに遅しであった。この様に競合見積をやるというだけで既存の業者も下げてくるし、新規業者を加えると更に大きく下がるので、やってみる価値は十分にある。

〔施策－2〕発注業務の集約化

社内各所の宣伝広告「発注業務」を本社・宣伝広告の「発注」担当に集約化し「競合見積」実施によって「発注単価」を削減する。「発注」担当は企画やデザイン等の業務から切り離した独立組織とし、人材面では発注の専門家を投入する必要がある。併せて新聞段数契約や代理店契約も「発注」担当で一括して行う。

〔施策－3〕業者派遣常駐者の禁止

「施設費」と同様であるが、無償での業者派遣の常駐者を「禁止」とし、常駐業者に偏らない発注を行うことによって「発注単価」を変動化させる。くどい様であるが、派遣常駐者を組織の一員として指示を行うと「偽装請負」となるので絶対にやってはならない。

〖施策‐4〗 申請審査の徹底
申請内容の「審査」を徹底する。

〖施策‐5〗 事前申請のルール化
申請書提出時期を「事前」に変更し、ルール化する。

〖施策‐6〗 管理担当のライン化
社内各所の「宣伝広告管理」担当を「本社・宣伝広告部」にライン化し、コスト管理を一元的に行うことによって、「宣伝広告単価・回数」を削減する。併せて各所に散在しているデザイナーやコピーライター等も本社に集約化し、専門度の向上と人員の効率化を行う。

〈追記〉

★心斎橋店の家具売場で催担当をしていた頃、半年に１回「家具大蔵ざらえ」という３週間連続して開催する一大イベントがあった。この催事は京阪神３店で同じ時期に開催していたが各店の力が強いことから広告についても競い合うように各店で新聞・ＤＭ・折込み広告等を別々に企画・制作し、異なる業者に発注を行っていた。

一方、各店を取り纏めるべき本部にも家具担当があったがやっていることは各店との調整と売れないオリジナル家具の企画をやっている程度であった。

この時に本部が各店を取り纏め、ライン化できていたのならば

各店で個別に使っていた宣伝広告費を本部で一元的に管理し、写真撮影から制作まで一括して発注を行えば3店が個別に行うよりもコストダウンとなったことは確かである。そして浮いたコスト分を媒体費に転用するとともに、3店の媒体計画を横断的に見直し、効率的に集中投下すれば倍以上の露出ができたと思われる。当時は宣伝を打てばそれに比例して売れた時代であったことから、倍以上の露出ができたのならば非常に大きな成果が挙がったものと思われる。

これは家具だけではなく婦人服や紳士服等の部門でも同じことが見受けられたが、当時は「全体最適」と言う発想が無かったため、企業全体を良くするという考えはなく、自分の店が一番であればよいということしか考えていなかった。

宣伝広告についても、各店ごとに宣伝部があり、デザイナーやコピーライターも各店ごとにフルに配属されていたことから、人員面に於いても大変非効率なコストの使い方となっており、「部分最適」の塊のような時代であった。

【「宣伝広告費関連・共通」削減策一覧】

目的	施策	着目要素	内容
単価削減	❶競合見積の実施	発注単価	●発注する際は常に競合見積を実施
	❷発注業務の集約化	各所の発注業務	●社内各所の発注業務を本社に集約化
	❸業者派遣常駐者の禁止	業者派遣常駐者	●発注が常駐業者に偏ることから、無償での業者からの派遣常駐者を禁止
単価・数量削減	❹申請審査の徹底	申請審査	●申請内容の「審査」を徹底
	❺事前申請のルール化	申請時期	●申請時期を「事前」に変更しルール化
	❻管理担当のライン化	各所の管理担当	●社内各所の管理担当を本社にライン化

〔第二項〕 新聞広告費

〖施策−1〗 段数契約の締結

| 着目要素 |

「新聞段数単価」

| 変更点 |

「新聞段数」の年間契約

| 内容 |

年間の掲載段数が多く、今後も継続する場合、割引価格が適用
される年間契約を新聞社と締結し「新聞段数単価」を削減する。

〖施策−2〗 掲載紙の見直し

| 着目要素 |

「掲載紙段数単価」

| 変更点 |

新聞段数単価が高い「掲載紙」から安い「掲載紙」に変更

| 内容 |

広告効果に差が無い場合、新聞段数単価が安い掲載紙に乗り換
え「新聞段数単価」を削減する。

〖施策−3〗 掲載紙面の見直し

| 着目要素 |

「掲載紙面段数単価」

| 変更点 |

「掲載紙面」を割安な「紙面」に変更

| 内容 |

広告効果に差が無い場合、段数単価が高い「ラテ面」から安い「中面」等に変更し「掲載紙面単価」を削減する。

〖施策－4〗 掲載地区の見直し

| 着目要素 |

「掲載地区」

| 変更点 |

必要な「掲載地区」と合致した新聞に変更

| 内容 |

商圏外の地区まで広範囲に新聞広告を打つ必要が無い場合、必要な地区と合致した新聞に変更し「掲載料」を削減する。

〈追記〉

★同じ新聞でも朝刊と夕刊では配布地区が異なっている場合があるので使い分けを行うとともに、発行部数がある程度あり、広告目的と合致するのならばローカル紙の活用も一つの策である。

〖施策－5〗 掲載紙の見直し

| 着目要素 |

「掲載紙数」

「掲載紙」を絞り込み

内容

複数の新聞に掲載する場合、広告効果が薄い新聞は掲載を中止し「掲載紙」を削減する。

〖施策－6〗掲載段数の見直し

着目要素

「掲載段数」

変更点

「掲載段数」の削減

内容

広告効果から見て不要な「掲載段数」を削減する。

〖施策－7〗校正回数の見直し

着目要素

「校正回数」

変更点

「校正回数」の削減

内容

全広告に於いて「初校」から「最終校」まで3～4回以上校正を行っているのを、「再校」または「三校」までで終了とし「校正回数」を現状から1回削減する。

〈追記〉

★校正回数については大丸時代に奥田会長（当時）から『取引先の社長から校正回数を１回減らすだけで２割安くなると言われた』ということを聞いていたし、私も同じことを直接、その社長から聞いた覚えがある。校正は何回やってもきりが無く、「再校」か「三校」を最終校正としても大差が無いので、ルールを設定し、費用対効果を明確化させれば可能である。

〚施策－8〛校正期限の遵守

着目要素

「校正期限」

変更点

「校正期限」の遵守

内容

「校正期限」終了後に広告の変更を行うと追加料金が発生するため「禁止」とする。

〈追記〉

★３～４回校正を行っているにも関わらず変更が出てくる場合があるが、これでは校正を行った意味が全く無い。これならば校正回数をもっと少なくし、保険として１回分を「広告」担当で留保している方が防止策となる。また、期限が過ぎたのに変更をやらせるのが担当者の力量と思っている人もいるが勘違いも甚だしく、余分なコストが掛かるだけである。

★ある日の午前に、取引している広告業者に挨拶に行ったところ社長から工場に案内され、『これは貴社の分を本日、朝から印刷に入る予定であったが、急遽変更があったために入稿が遅れ、全員待機となっている』と言われた。変更によって作業が遅れた分を、締め切りに間に合わすためには残業となり、追加料金が発生することとなる。

［施策－9］広告代理店契約の中止

着目要素

「広告代理店手数料」

変更点

「広告代理店」を通さず、新聞社と直接契約

内容

ローカル紙への掲載の場合、毎週土曜日等と掲載期日が決まっており掲載紙面・段数も決まっている場合、広告代理店を通さずに新聞社と直接契約を行えば「代理店手数料」は不要となる。

【「新聞広告費」削減策一覧】

目的	施策	着目要素	内容
単価削減	❶段数契約の締結	新聞段数単価	●年間掲載段数が多く、今後も継続する場合、新聞社と年間で契約
	❷掲載紙の見直し	掲載紙段数単価	●新聞段数単価が安い掲載紙に変更
	❸掲載紙面の見直し	掲載紙面段数単価	●新聞段数単価が割安な掲載紙面に変更
	❹掲載地区の見直し	掲載地区	●必要な掲載地区と合致した新聞に変更
数量削減	❺掲載紙の見直し	掲載紙数	●効果が薄い新聞は掲載を中止
	❻掲載段数の見直し	掲載段数	●不要な掲載段数の削減
	❼校正回数の見直し	校正回数	●校正回数を現状から1回削減
	❽校正期限の遵守	校正期限	●校正期限終了後の変更禁止
	❾広告代理店契約の中止	広告代理店手数料	●広告代理店を通さず、新聞社と直接契約

〔第二項〕 DM広告費

〖施策−1〗 仕様の統一

着目要素

「DM広告の仕様」

変更点

「DM広告」のサイズ・色数・紙質等、「仕様」の統一

内容

企画毎に異なっているDM広告のサイズ・色数・紙質等、仕様を統一し、「広告単価」を削減する。

〈追記〉

★DM広告の封筒も同様に、サイズや紙質等の仕様を統一し封筒単価を削減する。

〖施策−2〗 配布先の見直し

着目要素

「配布先」

変更点

「配布先」を削減

内容

広告効果から見て不要な「配布先」を排除し、「配布数」を削減する。

〈追記〉

★顧客名簿を管理している「顧客管理」担当から聞かされたことだが、婦人服「催事」のＤＭ広告を出すのに、前年は10万部郵送したが今年は顧客が減少し8万部で充分であった。しかし婦人服担当者から『配布数を減らして、売上を落とすと説明がつかない』との理由で強く要請され、止む無く関係のない顧客名簿を流用して10万部としたことに担当者は大変後悔していた。聞いていて、これは氷山の一角であり「顧客管理」の関与しない所でもこの様な帳尻合わせのための無駄な広告があちこちで打たれているのではないかと思われた。

〘施策－3〙 校正回数の見直し
「新聞広告」同様、校正回数を現状から1回削減。

〘施策－4〙 校正期限の遵守
「新聞広告」同様、校正期限の遵守。

【「ＤＭ広告費」削減策一覧】

目的	施策	着目要素	内容
単価削減	❶仕様の統一	仕様	●ＤＭ広告のサイズ・色数・紙質等、仕様の統一
数量削減	❷配布先の見直し	配布先	●不要な配布先を排除
	❸校正回数の見直し	＊「新聞広告」同様	
	❹校正期限の遵守		

〔第三項〕 装飾費

〖施策−1〗 什器の標準化

| 着目要素 |

「什器仕様」

| 変更点 |

「什器仕様」を標準化

| 内容 |

多種多様な「什器仕様」を見直し、標準化を行うことによって「什器単価」を削減する。

〖施策−2〗 装飾箇所の見直し

| 着目要素 |

「装飾箇所」

| 変更点 |

「装飾箇所」数を削減

| 内容 |

効果の薄いＶＰステージ等、装飾箇所を削減する。

〖施策−3〗 撤去・準備時間の見直し

| 着目要素 |

「装飾撤去・準備時間」

| 変更点 |

「装飾撤去・準備時間」を変更

| 内容 |

費用対効果からみて効率の良くない催事の装飾は最終日の閉場時間を繰上げ、昼間に撤去及び次の催事の準備を行い、割高な「深夜作業」を中止する。

【「装飾費」削減策一覧】

目的	施策	着目要素	内容
単価削減	❶什器の標準化	什器仕様	● 多種多様な什器仕様を見直し、標準化
数量削減	❷装飾箇所の見直し	装飾箇所数	● 効果の薄いＶＰステージ等、装飾箇所を削減
	❸装飾撤去・準備時間の見直し	装飾撤去・準備時間	● 装飾撤去・準備は催事閉場時間を繰上げて作業し、深夜作業を中止

〔第四項〕 改装投資費

「改装投資費」の目的が集客力・売上の向上であることから「宣伝広告費」の節に記載した。尚、これまで述べてきた「宣伝広告費」とは性格が異なることから独立的な扱いとした。

〘施策−1〙 競合見積の実施
改装担当が「競合見積」を実施し、企画・デザイン・設計・工事等、「改装単価」を削減する。

〘施策−2〙 発注業務の集約化
社内各所の「改装発注」業務を本社「改装」担当に集約化し、「競合見積」実施によって「改装単価」を削減する。

〘施策−3〙 内装・什器の標準化
| 着目要素 |

「内装・什器仕様」

| 変更点 |

毎回異なる「内装・什器」の「仕様」を標準化

| 内容 |

プロジェクトの度に異なる各売場・施設の内装及び什器の仕様を標準化し、「計画期間の短縮」と「内装工事・什器単価」を削減する。

〈追記〉

★工事や什器の仕様に於いても営業部や出店業者との話し合いからは特別仕様のものばかりが出てくることが多く、それらを全て鵜呑みにすると投資額が大きく膨らむので取捨選択を行う必要がある。

売場は大きくは「ショップ」と「平場」に分かれるが、「ショップ」はブランド等のポリシーや特徴を踏まえての内装仕様・什器デザインとするが、「平場」は標準化した内装仕様・什器デザインとすることによって統一されたイメージの醸成とコストダウンを行うために、デザイン担当の谷一スタッフ（当時）に内装・什器の標準化を進めてもらい、計画期間短縮と内装・什器単価の削減を行った。

「改装投資額」の内訳は店舗自らの「自己投資」と取引先からの「寄贈」「持ち込み」がある。「寄贈」は贈与を受けた百貨店の資産となるのに対し、「持ち込み」は取引先の資産のままであるので、百貨店は投資負担の必要が無い。百貨店の投資予算が少ない場合、安易に「持ち込み」に頼ろうとするが、取引先への強要となる恐れがあるため特別の什器を除いて、できるだけ避けるべきことであり、そこからも安価で機能的な什器の標準化は必要である。

標準化什器を導入したある店舗で売上が悪いのは什器のせいであると勝手に理由付けし、取引先から什器を「持ち込み」させたが効果が見られず、商品が原因であることを証明するだけであった。

〖施策-4〗 改装物件・施設の面積見直し

着目要素

「改装物件・面積」

変更点

「改装物件・面積」の削減

内容

投資目的や投資効果から見て不要な「改装物件・面積」を削減する。

〈追記〉

★「改装投資」は投資額が大きいために何年または何十年に一度しか行わないので思いつくことは全てやりたいとの思いから、投資対象範囲が非常に広くなっている場合が多い。そのままでは投資額が膨らむだけであり、投資目的や効果から見て不要な施設や面積は除外する必要がある。

〖施策-5〗 改装スケジュールの遵守

着目要素

「改装スケジュール」

変更点

「改装スケジュール」の変更禁止

内容

スケジュールの遅れが最後の「施工期間」にしわ寄せされ、余分なコストが発生するためスケジュールの変更は禁止とする。

★改装は大きくは「プランニング」と「施工」に分けられるが、ショップのプランニング段階に於いて一度決定したにも関わらず、決定後に有力なショップ出店の話が出てくるとプランの変更が起き、それが下手をすれば際限なく続くのでスケジュール通り終わらないことが多々ある。

ショップを1店舗変更するだけでもゾーニングやリレーションで玉突きが起こり、プラン修正に大きく時間がとられる。そしてそのしわ寄せが最後の施工期間に持ち込まれ、短期間での施工となると突貫工事となり、予定外の投資額が発生するのでプロジェクト・リーダーはスケジュールの遵守を徹底させることが重要な役割となる。

［施策－6］管理担当の集約化

社内各所の「改装」担当を本社「改装」担当に集約化し、改装投資管理を全社一元的に行い、「改装規模」の見直しと「改装単価」の削減を行う。

尚、本社に担当組織が無い場合、新設する必要がある。

〈追記〉

★「改装投資」とは百貨店等、大規模商業施設で躯体・内装・設備の老朽化や売場商品・ショップの移動・入れ替えによって行われるものであるが、特に売場商品・ショップの移動・入れ替え投資が複数のフロアを対象とする場合は、投資金額が数十

億円規模となる場合もあり、当然ながらそれを上回る投資効果が出ないと経営を圧迫する恐れがある。

大丸では店舗全体を対象とする様な大規模な改装投資を行う場合は、対象店舗で前回の改装投資分の減価償却が終了し、廃棄損が出なくなった場合を条件としていたため、投資サイクルは通常は十数年に一度となっていた。

長年の間、店長の権限が強く、店舗運営が店長の裁量に任されていたため、「改装投資」が承認されると、十数年に一度の大イベントであるとともに、店長にとっては初めて多額の投資金額を思い通りに使えるとの思いから有頂天となり、改装ノウハウが乏しいままに思いつくことを全て盛り込んだプランを自由裁量で進める傾向が顕著であった。

その進め方も懇意にしている内装業者をプランナーとして起用し、計画策定から発注・施工まで各店独自で行うため、計画の遅れや計画の変更による予算の膨張により、大きな無駄が発生していた。特に問題だったのは「改装投資」の実施が目的化し、投資後の効果検証が全く行われておらず、おかしなことに投資が不調に終わった場合でも店長への個人攻撃になるとの理由で、タブーとする様な風潮があった。

そんな中、「構造改革」を行うプロジェクトが発足し、その中の一つに平田常務（当時）をリーダーとし、私も事務局として参画した「改装投資プロジェクト」があった。

そのプロジェクトの提案は「改装投資」業務を各店から本社に集約化し、「改装投資プロセスの標準化」と「発注の集約化」

による投資額の削減を目的とする新組織「投資プロジェクト推進室」を本社に設置するものであった。経営会議では店長の一部から抵抗があったものの、投資額が計画時よりも実施時において常に膨らんでいる事実を具体的に数値で示したことが決め手となり、新たな管理が必要ということで承認となった。

発足した「投資プロジェクト推進室」のメンバーは各店で君臨していた施設管理の担当部長や内装プランナー・デザイナーから選抜し、各店の機能を本社に移管させるとともに、各店との連携確保のためデザイナー1名のみを兼務として常駐させた。

「投資プロジェクト推進室」には私も平成5年（1993年）の発足時から参画したが、業務としては各店と共同でプロジェクトチームを編成し、改装計画策定から発注・施工管理まで決められたプロセスに従ってプロジェクトの主導を行った。これまで計画段階から実施段階に移行するにつれて、常に膨らんでいた投資金額をプロジェクトの徹底管理により抑制するとともに、作成した「工事単価リスト」に基づき「競合見積」の全面実施によって改装投資額の削減を行った。

併せて投資効果のチェックも行いどのような投資が功を奏したのか、検証を担当の竹内スタッフ（当時）にしてもらったが、平成10年（1998年）当時は「ワールド」や「サンエー」等の婦人アパレル全盛期の時代であったことから婦人服以外は投資を行っても効果が出ず、逆に婦人服の面積を店舗全体の40％〜50％に拡大しても充分成果が挙がるという分析結果が出たので奥田社長（当時）に報告したことを覚えている。

実績を積み重ねることによって「阪神大震災」で被災した神戸店復興工事・札幌出店・東京店移転工事等でもノウハウを発揮し効率的な投資を行うことができた。「投資プロジェクト推進室」は現在、営業の一部門として位置付けられているが、コスト管理が徹底しており安心して任せられる組織となっている。

【「改装投資費」削減策一覧】

目的	施策	着目要素	内容
単価削減	❶競合見積の実施	発注単価	● 企画・デザイン・設計・工事等、改装単価の競合見積を実施
	❷発注業務の集約化	各所の発注業務	● 社内各所の発注業務を本社・改装投資担当に集約化
	❸内装・什器の標準化	内装・什器仕様	● 毎回異なる内装・什器の仕様を標準化
数量削減	❹改装物件・面積の見直し	改装物件・面積	● 投資効果の低い改装物件・面積を削減
	❺改装スケジュールの遵守	改装スケジュール	● 改装スケジュールの変更禁止
単価・数量削減	❻管理担当の集約化	各所の改装担当	● 社内各所の改装担当を本社「改装」担当に集約化し、一元的に改装投資を管理

【第五節】 運営費関連施策

「運営費」は対象が多岐に渡り、金額も大小様々である上に大半の業務・物品が外部発注となっているため発注業務がコスト管理を行う上で重要なポイントとなる。

しかしコスト管理の現状を見ると本社内でも総務・経理等に分かれていたり、本社がタッチせず現場に任せていたりしており、多数の部門で多数の担当者が個々に管理を行っている。更に主たる業務との兼務が多く片手間的となっていることから力が入らず、全社レベルでの統一した管理体制とは程遠い形となっている。

当然、発注も専門家が不在の中で個々に自由裁量で行っているため、業者との関係も現状維持型が多く、価格折衝や業者見直しとは程遠い状況であり、発注価格が固定化されている。

これらを変えるには、他の費目同様、これまで放置されていた組織体制と業務運営の抜本的な見直しが必要である。

〔第一項〕 運営費関連・共通

〔施策－1〕 競合見積の実施

発注品目が多種多様であるが「発注」担当がきめ細かく「競合見積」を実施し「発注単価」を削減する。

〈追記〉

★運営費では色々と「競合見積」を行ったが、一番記憶に残るのは「コピー代」であった。

コピー機を管轄している「購買」担当が「ＳＳ統括部」の傘下となったので、コピー機の発注について担当者に尋ねてみたところ、『コピー機はＸ社に一括発注しているが価格には触れられない』との返事があった。理由を聞いても全く要領を得なかったが、それから半年ほど経過した時、大阪・高槻市にある研修所のコピー機２台を更新することとなったのでＸ社以外にも見積を取るように指示した。するとこれまでコピー１枚当たり5.5円であったのがＹ社から3.6円の見積価格が出た。

この結果をもってＸ社に申し入れを行ったところ急転直下、高槻はもとより全社で契約しているコピー代全てが一律3.6円に下がった。これまでＸ社とは何があったのか分からないが他社の見積価格を提示しただけで簡単に価格が、それも全社一斉に変わったので、今まで何をしていたのかと言いたかった。

これを機に毎年と言っていいほど「競合見積」を行い、松坂屋

と統合後の平成20年（2008年）には0.8円まで下げることができた。平成16年（2004年）に他社の見積を取らなかったならば、コピーした資料1枚毎に5円玉を張り付けていたことが続いていたかもしれない。尚、X社については価格を変えたが何も起こらず、『価格は変えられない』というのは勝手な思い込みでしかなかったものと思っている。

〖施策−2〗 発注業務の集約化

社内各所の物流・電話・事務用品等の「発注業務」を本社に集約化し、「競合見積」実施によって「発注単価」を削減する。

〈追記〉

★総じて個々の金額が少額で多種に及ぶため、これらを整理するためにはこれまでの各担当の前年踏襲的又は思い付きで発注されていた品目と業者の見直し・絞り込みを行う必要がある。その前提として「発注単価表」の作成を行い、価格・品目ともに棚卸をすることが必要である。

〖施策−3〗 申請審査の徹底

申請内容の「審査」を徹底する。

〖施策−4〗 事前申請のルール化

申請書提出時期を「事前」に変更し、ルール化する。

〔施策−5〕管理担当のライン化

社内各所の物流・電話・事務用品・接待交際費等の「管理」担当を本社にライン化し、「単価・数量」を削減する。

〈追記〉

★大丸では「ＳＳ統括部」傘下の「購買」担当が電話・事務用品・接待交際費等の運営費関連の管理を行っていたが、各店の運営関連経費についても「事務管理」担当に所属している「購買」担当をライン化し一元的な管理を行った。

【「運営費関連・共通」削減策一覧】

目的	施策	着目要素	内容
単価削減	❶競合見積の実施	発注単価	●発注する際は常に競合見積を実施
	❷発注業務の集約化	各所の発注業務	●社内各所の発注業務を本社に集約化
単価・数量削減	❸申請審査の徹底	申請審査	●申請内容の「審査」を徹底
	❹事前申請のルール化	申請時期	●申請時期を「事前」に変更しルール化
	❺管理担当のライン化	各所の管理担当	●社内各所の管理担当を本社にライン化

〔第二項〕 物流費

〖施策−1〗 地域別に最安業者を選択

| 着目要素 |

「地域別配送単価」

| 変更点 |

「配送業者」を地域別に選択

| 内容 |

全国的に配送する必要がある場合、「競合見積」を近郊・広域等の地域ごとに実施し、最安の業者を選択し「配送単価」を削減する。

〈追記〉

★これは「競合見積」の一施策であるが、この様に細分化し分離しての発注によっても効果が上がるので記載した。

〖施策−2〗 納品契約の見直し

| 着目要素 |

「便建て個数単価」

| 変更点 |

納品を「便建て」から「個数建て」に変更

| 内容 |

「納品個数」を常にチェックし、個数が少量の場合「便建て」

から「個数建て」に契約変更を行い「調達個数単価」を削減する。

〚施策－3〛 調達便の積載量チェック

| 着目要素 |

調達便の「積載量」

| 変更点 |

調達便数・トラック数を削減

| 内容 |

積載量を常にチェックし、積載量が少ない調達便やトラックを集約化し「調達便数」を削減する。

〚施策－4〛 検品・検収の見直し

| 着目要素 |

納品時の「検品・検収」

| 変更点 |

納品時の「検品・検収」を削減

| 内容 |

取引先業者の納品精度をチェックし「納品精度」が100％の業者に対しては納品時「毎回」の「検品・検収」を「抜き打ち」に変更し「検品・検収回数」を削減する。

〈追記〉

★嘗ては取引先業者が各自で「納品」していたが、生産地が

中国等の海外に代わり、納品専門の業者を利用することから、「納品」に於ける不正は極めて少なくなってきているので、納品精度の高い業者は「抜き打ち」検品で充分対応が可能である。

〖施策−5〗 朱引き線の変更

着目要素

「朱引き線」

変更点

「納品場所」を「荷受け場」から建物内に「朱引き線」を変更

内容

「朱引き線」を「荷受け場」から建物内の「ストック場」等、必要な場所に変更し、館内の「横持ち運搬個数」をゼロにする。

〖施策−6〗 包装方法の統一

着目要素

「包装方法」

変更点

「包装方法」を簡便・安価な方法に統一

内容

「包装方法」を大嵩品は「天掛け包装」、それ以外は「座布団包装」に統一し「包装資材・時間」を削減する。

〚施策−7〛 生産現場から発送

着目要素

「発送場所」

変更点

「発送場所」を産地・工場等の生産現場に変更

内容

産地や工場等の生産現場から直接発送することにより、集荷場所からの「発送コスト」をゼロにする。但し、生産現場からの発送のため、顧客情報の管理については注意が必要である。

〈追記〉

★「物流」担当が「ＳＳ統括部」の所管となって、最大の課題は物流センターの見直しであった。百貨店はこれまで売上が好調だった時代は「中元」「歳暮」の繁忙期に備えて、各社ともに大規模な物流センターを保有し、フル稼働していた。しかし繁忙期以外の８～９ヵ月は閑散としており、繁閑差の大きい非効率な施設であった。百貨店の売上が下降し繁忙期も同様に売上高・作業量ともに下降したため、益々非効率な施設となっていった。

近い将来、この様な大規模施設を持つ必要が無くなることは必至と思い、担当の大目部長（当時）に対策案を検討してもらった。その案は保有物件の大阪「城東センター」と東京「勝鬨センター」を売却し、大阪・南港の物流施設の一部を賃借し、集約化するものであった。課題の東京・勝鬨作業分の大阪への集

約化は伝票の電子化と業務手順の見直しによって対応を行ったが、問題が発生すること無く、更に物件の売却益までも出すことができた。何よりのメリットは保有物件という固定化したコストを賃借物件という変動コストに変えられたことであった。

【「物流費」削減策一覧】

目的	施策	着目要素	内容
単価削減	❶地域別に最安業者を選択	地域別配送単価	● 地域ごとに競合見積を実施し、最安の業者を選択
	❷納品契約の見直し	便建て個数単価	● 納品個数が少量の場合「便建て」から「個数建て」に契約変更
数量削減	❸調達便の積載量チェック	積載量	● 積載量の少ない調達便やトラックを集約化
	❹納品検品・検収の見直し	検品・検収	● 納品が正確な業者は納品時の検品・検収を「毎回」から「抜き打ち」に変更
	❺朱引き線の見直し	朱引き線	● 「朱引き線」を荷受け場から建物内に変更
	❻包装方法の統一	包装方法	● 「包装方法」を簡便な「天掛け」や「座布団」に統一
	❼生産現場から発送	発送場所	● 発送場所を生産現場からの直接発送に変更

〔第三項〕 コピー代

〖施策−1〗 コピー機のモノクロ設定

着目要素

「コピーのカラー印刷」

変更点

コピー印刷設定を「モノクロ」に変更

内容

コピー機の印刷設定を「モノクロ」に変更し「コピー印刷単価」を削減する。(特に、社内用は徹底実施)

〈追記〉

★これまで「カラー」での強調や変化を付けていた部分を「フォントの拡大」「太字」「斜体字」「アンダーライン」「濃淡の網掛け」「文字の白黒反転」等の「書式」の変更を行えば充分対応できる。

〖施策−2〗 コピー用紙の仕様統一

着目要素

「コピー用紙の仕様」

変更点

「コピー用紙の仕様」を「1種類」に統一

内容

コピー用紙の「サイズ」は「Ａ-4」サイズに統一し、「紙質」は「モノクロ出力用紙」や「リサイクル用紙」に統一することによって「コピー用紙単価」を削減する。

〖施策-3〗トナー・カートリッジの変更

着目要素

「トナー・カートリッジ」

変更点

「純正」カートリッジから「リサイクル」カートリッジに変更

内容

カートリッジを「リサイクル」に変更し「カートリッジ単価」を削減する。

〖施策-4〗会議資料の枚数限定

着目要素

「会議資料の枚数」

変更点

「会議資料の枚数」を「1議題Ａ-4用紙1枚」に限定

内容

会議資料を簡潔にするために「1議題・Ａ-4用紙1枚」とし、「コピー用紙枚数」を削減する。

〈追記〉

★大丸ではこれまで会議資料は多ければ多いほど良し、とする

風潮があったが、説明に時間が取られ、要領が得ないままに会議が長引くばかりであった。奥田会長（当時）から『君らの資料は何枚もあるが、要約すれば１ページの半分にも満たないのと違うか』との指摘があり、会議資料は「１議題・Ａ-4用紙１枚」となった。これによって会議での提案資料を作成するに当たっては、いかに要領よく簡潔に纏めることができるのかを全員が勉強することとなった。

〔施策－5〕裏紙コピーの徹底

着目要素

「片面コピー」

変更点

裏面が白紙のコピー済み用紙を「裏紙コピー」用紙として活用

内容

片面しかコピーせずに不要となったコピー済用紙を廃棄せず、裏の白紙面を活用し「コピー用紙枚数」を削減する。

〈追記〉

★「裏紙コピー」はコピー済使用面を資料と間違えるといけないのでコピー済み使用面に大きくバツ印等を付けて、区分する必要がある。

★大丸では戦略会議等の会長が出席する会議でも「裏紙コピー」の資料がお構いなく使われた。ある時私が提案する案件でコピー用「裏紙」の在庫が無く、提案資料が片面コピーの裏

面白紙となってしまった。すると会議資料を見るなり奥田会長（当時）から『君、考えが変わったのか』と即座に注意を受けたがこの様に、会長自ら率先垂範され浸透していった。

〚施策－6〛 両面コピーの徹底

着目要素
「両面コピー」

変更点
「片面コピー」は禁止し「両面コピー」を徹底

内容
複数の枚数をコピーする場合、「片面」のみのコピーとせず、「両面」コピーとすることを徹底し「コピー用紙枚数」を削減する。

〈追記〉
★「両面コピー」を行う場合、失敗によるロスを防止するため、「管理」担当から両面コピーの方法についての教育を行うとともに、コピー機の近くに簡単な図解マニュアルを貼付し、遵守の徹底が必要である。

〚施策－7〛 資料のペーパーレス化

着目要素
「資料のコピー印刷」

変更点

資料のコピー印刷を禁止し、端末で確認

| 内容 |

資料のコピー印刷を禁止し、ＰＣ・タブレット等の端末で確認し「コピー枚数」をゼロにする。資料保管も紙から「メディア」に変更する。

〈追記〉

★松坂屋各店の業務推進部長を集めて、リモートを交えての月度のコスト担当者会議を行っていたところ、リモート参加の静岡店・本多部長（当時）の画面を見ると顔半分がデスクトップパソコンのモニターに隠れていた。理由を尋ねたところ、『予算達成のためのコスト削減を行っているが、現状がギリギリの状態であり、自分が見る資料を印刷するのにコストを使っては勿体ないと思い、パソコン画面で資料を見ている』との返事があった。

当時「ノートブック」はあったがタブレットは無く、会議にパソコンを持ち込んで資料を見ることは考え付かなかった。早速「コスト構革部」の会議は資料の印刷を中止し、「ノートブック」持参となったが、電源が机の真ん中に配置されたりしていて、今では考えられない光景であった。

【「コピー代」削減策一覧】

目的	施策	着目要素	内容
単価削減	❶コピー機のモノクロ設定	印刷設定	●コピー機の印刷設定を「モノクロ」に変更
	❷コピー用紙の仕様統一	用紙の仕様	●コピー用紙のサイズ・紙質等、仕様を1種類に統一
	❸トナー・カートリッジの変更	トナー・カートリッジ	●トナー・カートリッジを「純正」から「リサイクル」に変更
数量削減	❹会議資料の枚数限定	会議資料の枚数	●会議資料の枚数を「1議題・A‐4用紙1枚」に限定
	❺裏紙コピーの徹底	コピー面	●裏面が白紙のコピー済み用紙は「裏紙コピー」として活用
	❻両面コピーの徹底	両面コピー	●複数枚数コピーの場合、「両面」コピーを徹底
	❼資料のペーパーレス化	コピー印刷	●資料のコピー印刷を禁止し、端末で確認

〔第四項〕 電話代

〚施策−1〛 固定電話回線の変更

着目要素

「固定電話料金」

変更点

「固定電話」を安価な電話回線に変更

内容

「固定電話」を「ＮＴＴ一般電話」から「ＩＰ電話」「光電話」や「おとくライン」等、安価な電話回線に変更し「電話基本料・通話料単価」を削減する。

〈追記〉

★「ＩＰ電話」「光電話」や「おとくライン」は通話料が３分８円前後な上に、基本料金が無料の業者もある。

〚施策−2〛 通信業者の統一

着目要素

「通話料金」

変更点

社内の固定電話・携帯電話業者を「1社」に統一

内容

固定電話・携帯電話の通信業者を「1社」に統一し「通話料単

価」を削減する。

〈追記〉

★「固定電話」と「携帯電話」を1社に統一すれば「固定電話」と「携帯電話」間の通話料金が無料となる業者もある。それ以外にも固定電話間の定額プランや携帯電話間定額プラン等、通信業者によって特徴が色々あるので、自社に最適なプランを選ぶ必要がある。

〖施策−3〗固定電話から携帯電話への発信の禁止

着目要素

「固定電話料金」

変更点

「固定電話」から「携帯電話」への発信禁止

内容

「固定電話」から「携帯電話」へ発信すると通話料が割高となるので禁止とし、「割高な通話数」を削減する。

〈追記〉

★大丸では「固定電話」から「携帯電話」への発信を禁止するために発信不可の設定を行ったが、「0036」等の識別番号を最初にダイヤルすると直接発信するよりも安くなるサービスがあるので利用するのも一つの策である。

〖施策‐4〗「電子メール」や「ＳＭＳ」の活用

着目要素

「電子メール」や「ショート・メッセージ・サービス（ＳＭＳ）」

変更点

「電子メール」や「ＳＭＳ」を活用

内容

「電子メール」や「ＳＭＳ」を活用し、「音声通話」を削減する。

〖施策‐5〗不要な電話の解約

着目要素

「電話契約数」

変更点

不要な「電話契約」の解約

内容

利用頻度をチェックし「不要な電話」の解約によって「基本料金」を削減する。

〈追記〉

★固定電話の場合、以前は各デスクに１台設置されていたが、携帯電話の普及により各部門・担当グループで数台あれば用が足りるので低稼働や休眠の電話のチェックを行い、不要な電話回線を解約する。

★私が執行役員になって早々に気付いたことは役員全員が会社から携帯電話を貸与されており、通話料も会社負担となってい

たので、これはおかしいと思い社長以下役員全員の携帯電話料を自己負担に変える様に経営提案した。そうすると役員全員が会社携帯を返却し、各自保有の携帯を使うこととなり基本料も不要となった。実施後ある店長から電話があり『取引先との通話で電話代が２万円もかかった』との訴えがあったが、従業員よりも沢山給料をもらっているのだからそれぐらいは自己負担すべきであり、聞く耳を持たなかった。

〔施策−6〕 格安通話アプリの活用

着目要素

法人用「格安アプリ」

変更点

法人用「格安アプリ」の活用

内容

法人用の「ＬＩＮＥ」や「Skype」等、携帯「格安通話アプリ」を活用し、「携帯電話通話料単価」を削減する。

〈追記〉

★電話業界は私が携わっていた頃は「スマホ」も無く、今とは隔世の感があるが、携帯電話に「楽天」が参入する等、料金・サービス両面で競争が激化しているので、常に業界動向をチェックし最適な料金・サービスを選択する必要がある。

【「電話代」削減策一覧】

目的	施策	着目要素	内容
単価削減	❶固定電話回線の変更	電話回線	●固定電話をＩＰ電話等、安価な電話回線に変更
	❷通信業者の統一	通話料金	●固定電話・携帯電話業者を1社に統一
数量削減	❸固定電話から携帯電話への発信禁止	通話料金	●固定電話から携帯電話への発信を禁止し、割高な通話料を排除
	❹「電子メール」や「SMS」の活用	通話数	●「電子メール」や「ＳＭＳ」を活用し、音声通話を削減
	❺不要な電話の解約	電話契約数	●利用頻度をチェックし不要な電話は解約
	❻格安通話アプリの活用	格安通話アプリ	●法人用の携帯「格安通話」アプリの活用

〔第五項〕 郵便代

〖施策－1〗「郵便料割引特典」の活用

| 着目要素 |

「郵便料割引特典」

| 変更点 |

「郵便料割引特典」を活用

| 内容 |

「バーコード割引」「郵送先取り纏め」「差出先取り纏め」等、
「郵便料割引特典」を活用し「郵便料単価」を削減する。

〖施策－2〗「封書」を「葉書」「郵便書簡」に変更

| 着目要素 |

「葉書」「郵便書簡」

| 変更点 |

「封書」を「葉書」「郵便書簡」に変更

| 内容 |

郵送目的から見て「封書」で送付する必要性が無いものは「葉
書」や「郵便書簡」に変更し、「郵便料単価」を削減する。

〖施策－3〗「封入物」の軽量化

| 着目要素 |

「封入物の重量」

変更点

「封入物重量」を軽量化

内容

「封入物」のサイズ変更や枚数を見直し軽量化することによって、「郵便料単価」を削減する。

〖施策−4〗「郵送先」の絞込み

着目要素

「郵送先」

変更点

「郵送先」の絞込み

内容

郵送先の見直しを行い、不要な郵送先への送付を中止する。

〖施策−5〗「郵便文書」の電子化

着目要素

「郵便文書」

変更点

「郵便文書」を電子化

内容

「郵便文書」を「電子化」し「電子メール」で送信することによって「郵便料」をゼロにする。

〈追記〉

★事前に了解が必要であるが、取引先への請求書等の送付については「電子化」が可能であり、保存もメディアにデータ保存できるのでコスト削減となる。

【「郵便代」削減策一覧】

目的	施策	着目要素	内容
単価削減	❶「郵便料割引特典」の活用	郵便料割引特典	●「バーコード割引」「郵送先取り纏め」等、「郵便料割引特典」を活用
	❷「封書」を「葉書」「郵便書簡」に変更	葉書・郵便書簡	●封書の必要性が無いものは「葉書」「郵便書簡」に変更
	❸「封入物」の軽量化	封入物の重量	●封入物のサイズ変更や枚数を削減し軽量化
数量削減	❹「郵送先」の絞込み	郵送先	●不要な郵送先への送付を中止
	❺「郵便文書」の電子化	電子化	●文書を電子化し「電子メール」で送付

〖第六項〗 事務用品費

〖施策−1〗 品目の仕様統一

着目要素

「品目の仕様」

変更点

同一品目の仕様を統一

内容

同じ品目のものでも単品レベルではサイズや色等、仕様で違いがあるものを「1種類」に絞り込み、「1品目・1単品・1価格」とすることにより「事務用品単価」を削減する。

〈追記〉

★経営統合によって松坂屋の事務用品を見ることとなったが、その中で「お客様控え」に発行担当部署が押印するスタンプ台が3色あった。理由を尋ねると、顧客からの問い合わせがあった際に、何処で購入されたのかが分かるように売場・外商・ギフトセンターで色分けしてあるとのことであった。顧客が購入された場所は色分けしなくとも伝票に押印されているので分かることであり、顧客対応は何処で購入されようが申し出があった部門で対応すれば顧客を待たせる必要も無いことから、スタンプ台は安価な黒色・小型の「1種類に統一」した。

〖施策−2〗 品目の絞込み

着目要素

「品目数」

変更点

「品目数」を価格・使用数量等から絞込み

内容

取り扱っている品目数を価格・使用数量等から絞込みを行い、「品目数」を削減する。併せて発注できる事務用品を特定し、それ以外は発注禁止とする。

〖施策−3〗 在庫チェックの徹底

着目要素

「在庫数」

変更点

「在庫数」を必要最少在庫数に絞り込み

内容

在庫数に余剰がある場合、必要最少分となるまで発注を中止する。

〈追記〉

★コピー用紙や伝票・包装紙等で経年劣化したものは使用できなくなり、廃棄損が発生するので在庫を常にチェックし、デッドストックが発生しない様に管理することが必要である。

★「コスト構革部」管理の伝票類が経年劣化しているのに放置

していると「内部監査室」から指摘を受けた。調べてみると担当者は数年前から劣化に気付いており、毎年「財務部」に廃棄を申請していたが「損金引き当て」の予算が無いとのことで却下され続けていたことが分かった。監査が一方的であったとはいえ、このような経緯を担当役員として聞かされていなかったことは不徳の致すところであり、常に情報を共有化することの重要性を再認識させられた。

『施策－4』「引き出し」在庫の活用

着目要素

「個人保管分」

変更点

各自の机の「引き出し」に保管されている事務用品を供出

内容

各自の机の「引き出し」に眠っている「個人保管」の事務用品を供出させ、活用することにより「事務用品の発注」を削減する。

〈追記〉

★各自の机の中には予備のつもりか余分に保管しているマーカーやホチキス等の事務用品がいくつか入っているので、「管理」担当は保管分の回収に回るとともに「回収ボックス」を設置し、自発的に返却させるようにすれば再活用できる。

【「事務用品費」削減策一覧】

目的	施策	着目要素	内容
単価削減	❶品目の仕様統一	品目仕様	●同一品目のサイズ・色等、仕様を1種類に絞り込み
数量削減	❷品目の絞込み	品目数	●価格・使用数量等から品目数を絞込み
	❸在庫チェックの徹底	在庫数	●在庫数に余剰がある場合、必要最少分となるまで発注を中止
	❹「引き出し」在庫の活用	個人保管分	●個人保管の事務用品を回収し再活用

〔第七項〕 出張費

〚施策−1〛 ネット旅行サイトの活用

| 着目要素 |
「ネット旅行サイト」

| 変更点 |
「旅行代理店」を「ネット旅行サイト」に変更

| 内容 |
出張で利用する「旅行代理店」として「じゃらん」や「楽天トラベル」等の「ネット旅行サイト」と法人契約し、安価なプランの利用により「出張費単価」を削減する。

〚施策−2〛 パック旅行の活用

| 着目要素 |
「パック旅行」

| 変更点 |
「パック旅行」を活用

| 内容 |
出張の際「パック旅行」をチェックし、通常料金よりも安価な「パック旅行」がある場合はそれを利用し「出張費単価」を削減する。

〈追記〉

★札幌出張の予定があり、翌日会議を予定していたため、「日帰り」出張切符の手配を「購買」担当の眞玉スタッフ（当時）に頼んだところ、『1泊出張に変更できないか』と言われた。理由を聞いてみると「日帰り」だと往復の航空運賃だけで7万円かかるが「パック旅行」で一泊すると4万円で済むということであった。翌日の会議は私が主宰の会議なので早速日程を変更したが、彼女の一言が無ければ3万円も無駄な出費をするところであった。

〖施策－3〗 割引・格安サービスの活用

着目要素

「割引・格安料金」

変更点

「割引・格安料金」サービスを活用

内容

新幹線の「ＥＸ‐ＩＣ」カードの導入やＬＣＣ航空会社の活用を行い「出張費単価」を削減する。宿泊施設もビジネスホテルと価格折衝を行い、法人契約を行うことによって常に安価な料金で予約することができる。

〖施策－4〗 現金支給の廃止

着目要素

「現金支給」

| 変更点 |

「出張費」の「現金支給」を廃止

| 内容 |

「出張費」の支給を「現金」からサービス価格で購入できる「法人契約」の「会社決済」に変更し「出張費単価」を削減する。

〈追記〉

★一昔前の出張費は「正規の運賃」での現金支給が中心であったが、一部の人は支給されると金券ショップで格安チケットを購入して差額は小遣いとしていた。この様なことが起きないためにも決済を各自への「現金支給」から「法人契約」の「会社決済」とすれば割引・格安価格の利用ができ、現金の受け渡しも不要となる。

〖施策－5〗 出張手当の見直し

| 着目要素 |

「出張手当」

| 変更点 |

「出張手当」を見直し減額・廃止

| 内容 |

「出張手当」の規定が時代に合ったものかどうか点検し、制度ができた頃と較べて交通の便が格段に良くなり、心身の負担が軽減されている場合は、過剰な「出張手当」の減額・廃止を行

う。特に制度ができた時と、新幹線やＬＣＣ航空がある現状とを比較する必要がある。

〖施策−6〗 出張人員・日数の見直し

着目要素

「出張人員・日数」

変更点

不要な「出張人員・日数」を削減

内容

出張目的・内容から見て、不要な「出張人員や日数」があれば削減する。特に意味も無いのに教育と称して部下を連れての出張は厳しくチェックする必要がある。

〖施策−7〗 リモートの活用

着目要素

「リモート」

変更点

出張を「リモート」に変更

内容

社内出張等、直接現地に赴かなくてもよい「出張」は取り止めて「リモート」に変更し「出張回数」をゼロにする。また、出張と「リモート」を組み合わせるだけでも「出張回数」が削減できる。

【「出張費」削減策一覧】

目的	施策	着目要素	内容
単価削減	❶ネット旅行サイトの活用	ネット旅行サイト	●旅行代理店を「ネット旅行サイト」に変更
	❷パック旅行の活用	パック旅行	●出張にパック旅行を活用
	❸割引・格安料金サービスの活用	割引・格安料金サービス	●「ＥＸ-ＩＣ」カード等、「割引・格安料金」サービスを活用
	❹現金支給の廃止	現金支給	●現金支給を廃止し、「会社決済」に変更
	❺出張手当の見直し	出張手当	●現状から出張手当を見直し過剰分を減額・廃止
数量削減	❻出張人員・日数の見直し	出張人員・日数	●不要な出張人員・日数を削減
	❼リモートの活用	リモート	●出張をリモートに変更

〔第八項〕 外出交通費

〔施策−1〕 直接帰宅の指示

着目要素

「帰社」

変更点

「帰社」不要の場合、直接帰宅を指示

内容

外出して時間外となり、帰社する必要が無い場合、上司は部下に対し直接帰宅するように指示し、帰社分の「交通費」等を削減する。また、上司が外出した場合も終業直前に帰ってくるのは部下にとっては傍迷惑なので率先して直接帰宅を行うものとする。

〈追記〉

★何故このような当たり前のことをわざわざ施策に入れたのかというと、ある学校でコンサルティングをやっていた時、職員の方から『外出してそのまま帰宅した方が早いのに、残業代目当てでわざわざ会社に戻ってタイムカードを打刻する者が居るため、無駄な残業代と交通費が発生する』とこぼされたことがあったので、念のためと思い施策に記載した。

尚、外出時に残業となった場合は業務が終了した時点で会社に連絡すれば打刻できるし、帰宅分の交通費は「通勤定期」利用

区間までの交通費分を請求すればよい。

〘施策－2〙 外出人員の見直し

着目要素

「外出人員」

変更点

「外出人員」の削減

内容

外出目的・内容から見て、不要な人員の削減を行う。

〘施策－3〙 タクシー利用の禁止

着目要素

「タクシー」

変更点

「タクシー」利用の禁止

内容

公共交通機関を利用するものとし、タクシーの利用は禁止とする。「タクシー券」の事前配布も中止し、必要な場合、「管理」担当に事前申請することをルール化する。

〈追記〉

★「ＳＳ統括部」としてタクシーの利用を禁止するとともに、社内で配布していたタクシー券を全て回収し、利用不可とした。社外役員や弁護士等の交通費として利用の場合、その都度必要

分のみ支給を行った。

〖施策-4〗 リモートの活用

| 着目要素 |

「リモート」

| 変更点 |

外出を「リモート」に変更

| 内容 |

社内打合せ等、直接赴かなくても良い外出は「リモート」に変更し「外出回数」をゼロにする。これも外出と「リモート」との組み合わせで外出回数が削減できる。

【「外出交通費」削減策一覧】

目的	施策	着目要素	内容
数量削減	❶直接帰宅の指示	帰社	●帰社する必要が無い場合、直接帰宅を指示
	❷外出人員の見直し	外出人員	●不要な外出人員の見直し・削減
	❸タクシー利用の禁止	タクシー	●公共交通機関を利用するものとし、タクシー利用は禁止
	❹リモートの活用	リモート	●外出をリモートに変更

〔第九項〕 新聞購読費

〔施策−1〕 電子版に変更

着目要素

「電子版」

変更点

新聞購読を「電子版」に変更

内容

新聞購読を安価な「電子版」に変更し「購読単価」を削減する。法人契約で購読する場合、購読数に応じて割引額が拡大し、新聞によっては購読していないＩＤは請求から除外するサービスもある。

〔施策−2〕 購読紙・部数の見直し

着目要素

「購読紙・部数」

変更点

「購読紙・部数」を削減

内容

担当業務から見て購読が不要な「購読紙」の解約や過剰な「購読部数」を削減する。

〖施策−3〗購読部門の見直し

着目要素

「購読部門」

変更点

「購読部門」を削減

内容

担当業務から見て不要な「購読部門」の購読紙を解約する。

〈追記〉

★役員や監査役の席に大手新聞5紙が配布されていて、毎朝、日課のごとく全紙に目を通す光景を良く見かけた。高い給料をもらっているのだから時間潰しに読みたい新聞があれば自費で購入して頂きたいものである。

【「新聞購読費」削減策一覧】

目的	施策	着目要素	内容
単価削減	❶電子版に変更	電子版	●安価な電子版に変更
数量削減	❷購読紙・部数の見直し	購読紙・部数	●不要な購読紙や過剰な購読部数を削減
	❸購読部門の見直し	購読部門	●不要な購読部門の購読紙を解約

〔第十項〕 接待交際費

〚施策－1〛 接待先のランク付け

| 着目要素 |

「接待先」

| 変更点 |

「接待先」をランク付け

| 内容 |

「接待先」をランク付けし、ランク別に接待金額・内容を事前に設定する。各接待先のランク別金額・内容はこれまでより絞り込んで設定し「接待費単価」を削減する。

〈追記〉

★接待が社内各所で、自由裁量で行われていることから、同じランクの接待先であっても接待金額や内容に較差があるのを見直し、統一をはかるものである。

〚施策－2〛 接待人員・回数の見直し

| 着目要素 |

「接待人員・回数」

| 変更点 |

「接待人員・回数」を絞り込み

| 内容 |

接待目的・内容から「接待人員・回数」を見直し、必要最低限に絞り込む。

【「接待交際費」削減策一覧】

目的	施策	着目要素	内容
単価削減	❶接待先のランク付け	接待先	●接待先をランク付けし、各ランクの接待金額・内容をこれまでより絞り込んで設定
数量削減	❷接待人員・回数の見直し	接待人員・回数	●接待目的・内容から接待人員・回数を見直し、必要最低限に絞り込み

【第六節】 緊急対策

「緊急対策」はコストの構造を変える施策ではなく、限られた時間の中で実施する施策であるため本来は余り進められない。しかし、企業が業績的に窮地に陥っているのに、何も手を打たずに予算未達となり、後になって業績が悪化したという理由で「給与や賞与がカット」されたのでは従業員は堪ったものではない。この様な経営の怠慢を起こさないためにもコスト削減の「緊急対策」はやむを得ずやらざるを得ない手段である。

「緊急対策」の一番の問題点は期間限定とはいえ数量削減策のため、大きな成果を挙げるには対象範囲を全社に広げる必要があり、非常に対象者が多いということである。対象者が多いということは全員をいかにやる気にさせるかが重要であり、「緊急対策」というだけでは、全員の気持ちに肉薄することはできず、成果に結びつかないリスクがあるということである。

短期間で全員が足並みを揃えて実行するためには、『絶対にやらねばならない』と思わせる強い動機づけができるかどうかがポイントとなる。そのためには施策実施の「理由」「目的」の明確化、「期間」「目標額」の具体化によって全員のベクトルを一致させることが重要であり、「目標額」は対象となる各部門から一人ひとりまで、できるだけきめ細かく設定を行うことが

必要である。また違反者があれば周りの者全員で注意するぐらいの意識付けも行わねばならない。その代わり全員が一丸となって実行できれば想定以上の成果が挙がることも多々あった。尚、「緊急対策」で実施した施策の中で、その後も継続可能な施策は期間後も継続すれば利益が拡大できる。

1 緊急対策の方法

時間が限られていることから、緊急対策の「コスト削減」の方法は大きくは以下の3つの方法しかない。

(1)「止める＝中止」
■コストを使うことを期間内は「止める」
(2)「延ばす＝延期」
■コストを使うことを期間外に「延ばす」
(3)「減らす＝削減」
■使うコストを必要分のみに絞り込み「減らす」

以上の3つの方法の内、「中止」と「延期」はその期間コストを使わないので、対象となる費目の残された期間の予算が全額利益に計上できるため効果が大きく、一方「削減」は残された予算の削減分しか利益計上ができないため効果は小さい。

施策の全てを「中止」「延期」することができれば簡単に目標達成となるが、「中止」「延期」は事業活動に与える影響が大き

いため実行の難易度が高く、逆に「削減」は低い。従って目標とする削減金額と施策実行の難易度を勘案しながら「中止」「延期」策と「削減」策のポートフォリオを組む必要がある。

〈追記〉

★「コスト削減」は全員の理解と実行が必要であることから目標削減額までなかなか論議が纏まらない場合もあるがポートフォリオを組むに当たっては、先ずは担当者レベルでの徹底した論議を行い、コンセンサスを作る必要がある。

その過程で『あれは中止できない』とか、『これは半分しか削減できない』と言う具合に、なかなか論議が纏まらず目標額に達しない状態が続くと、往々にして「コスト削減策」の論議から「売上強化策」を追加しようとする意見が出てくることが多いがそれは全く論外である。

そもそもコスト削減の緊急対策を実施する目的は売上が不振のためのリカバリー策として実施するものであり、「売上強化策」で解決できるのならば「コスト削減策」よりも前に実施すればよい。それが通用しない状況に追い込まれているのに「コスト削減」が難しいというだけで成果が見込めない「売上強化策」を持ち出すことは会議の目的から逸脱しており、ここは徹底して「コスト削減策」を論議せねばならない。勿論、「売上強化策」を否定はしないが、「コスト削減策」とは切り離し、あくまでもプラスアルファとして考えるべきである。

2 緊急対策の実施に当たって

(1)「緊急対策」実施の責任者は社長

■「緊急対策」の重要性、決意の大きさを示す意味からも責任者は社長とする必要がある。

(2) 事務局の設置

■責任者をサポートするために事務局を設置し、実質的な「緊急対策」実施の徹底及びフォローを行う。全社コスト管理組織があれば事務局に最適である。

(3) 業績の現状を開示し危機感の共有化

■業績が現状のまま推移すると期末には予算から幾ら乖離するのかを開示し、それを回避するために必要な施策であることを具体的に説明して全社で危機感の共有化をはからねばならない。

〈追記〉

★業績数字の開示を嫌う企業があるが、「社内秘」扱いを徹底し、それでも不安な場合は数値を概算レベルや％での表示とする様な方法が考えられる。しかし全員に窮状を理解して貰うことが重要であるため、できる限り数字を開示し、真摯に説明する必要がある。

(4)「緊急対策」実施の目的・目標額を明確化

■「緊急対策」実施によって利益目標達成という「目的」を明確化するとともに「期間」や「目標額」を費目別・施策別に具体化し、何時迄やるのか、何を幾ら削減すればよいのかを全員で共有化する。

当然のことであるが、目標額の設定は施策に該当する費目の残された期間の予算額が幾らあるのかを把握し、その範囲でしか設定できない。

(5)「緊急対策」内容の具体化

■「緊急対策」の施策毎に実施すべき内容・目標額を具体化し、説明会や通達でもって全員に周知徹底させる。

〈追記〉

★コスト削減策毎に何をどの様な方法で行い、幾らの金額を削減すれば良いのかを最低でも部門・担当レベルまではブレークダウンすることが必要である。

(6) 事前申請・点検の徹底

■緊急対策実施の期間は利益確保が最重点であるため、すべてのコストを使う場合、事前申請をルール化し、各担当は内容の点検を徹底的に行うことによって、コストの支出を極力抑制することが必要である。

〔第一項〕 人件費関連

【1. 残業代】

中止 「残業の禁止」

◆全残業を禁止（事故や顧客都合等は除外）

延期 「残業の延期」

◆残業業務を翌日以降に先送りし、後日「時間内」で処理

削減 「残業時間の削減」

◆削減目標を基に各部門単位に削減時間を設定し、各部門は必要最低限の業務に絞り込み、指示された残業時間を各自の業務を勘案し配分

〈追記〉

★各部門への目標残業時間の割り当ては「00％削減」というように一律で削減率を指示するのではなく、これまでの実績及び今後の業務計画を勘案し、事務局が部門ごとに削減率を設定する必要がある。部門によっては業務上どうしても残業が発生する部門もあるのに、削減率が一律では各部門の実情を把握していないと思われ、「緊急対策」に対して不信感を募らせるだけなので絶対にやってはならない。

各費目共通 「事前申請・チェックの徹底」

◆各担当は「事前申請」を徹底させ、申請内容のチェックを強化

＊各費目同様のため、以下略

〈追記〉

★全対策に共通するものとして、各管理担当は対策目標達成のため「事前申請」を徹底させ、内容チェックにより不要不急のコスト支出を排除する。尚、事務局は毎月の業績見通しが確定した段階で対策の進捗状況を経営に報告し、適宜、対策強化や見直しによって、目標達成を確実なものとする。

【2. 人材派遣・アルバイト代】

中止 「雇用の中止」

◆雇用を全て中止し、後方部門の社員から必要人員を応援に投入

〈追記〉

★後方部門から必要人員を応援に投入するため、部門によっては全員が応援に行くこともあり、その場合は一定期間の業務停止も行わざるを得ない。

延期 「雇用の延期」

◆雇用は全て期間外へ延期。必要ならば「社員応援」で対応。

削減　「雇用人員・日数・時間の削減」

◆必要最低限の業務に絞り込み、雇用人員・日数・時間を削減

【3. 教育費】

　中止　「教育を中止」

◆集合教育を全て中止。必要な場合「リモート」教育に変更

　延期　「教育の延期」

◆教育は期間外に延期し、その間、教材配布により自己学習に変更

　削減　「教育日数・時間・人員の削減」

◆カリキュラムを見直し、必要最低限の教育日数・時間・人員に削減

〔第二項〕 施設費関連

【1.清掃費】
| 中止 |「清掃の中止」

◆倉庫・後方施設等、無人や人の出入りの少ない施設・箇所の清掃を中止

〈追記〉

★トイレの清掃は回数を減らすだけでも便器の黄ばみや汚臭が発生するので衛生上からも「トイレ清掃中止」は除外する。

| 延期 |「特別清掃の延期」

◆「床のワックス」や「グリストラップ」等の状態を点検し、特別清掃が不要な箇所は延期

| 削減 |「ポスト数の削減」

◆清掃時間帯や体制・手順を業者と協議し、「業務品質」確保を前提にポスト数を必要最少分のギリギリまで削減

〈追記〉

★必要最少分のポスト数に削減するので、営業時間内や勤務時間内に清掃作業が食い込むことを想定する必要がある。

【2. 警備費】

| 中止 |「警備の中止」

◆「清掃費」同様、倉庫・後方施設等、無人や人の出入りの少ない箇所は施錠し警備を中止

| 削減 |「ポスト数の削減」

◆「清掃費」同様、業者と協議し「業務品質」確保を前提にポスト数を必要最少分のギリギリまで削減

【3. 電気代】

| 中止 |「低利用の機器・設備の休止」

◆不要な照明器具の管球取外しや利用頻度の低い空調・昇降機等の設備を集約化し、不要分を休止

〈追記〉

★設備の休止は社内用に限定し、営業用の空調・昇降機等の設備は利用度が低くても休止してはならない。

【4. 修繕費】

| 延期 |「検査・更新の延期」

◆設備・機器を点検し、検査・更新が不要分は延期（法は遵守）

〔第三項〕 宣伝費関連

【1. 新聞広告代】

| 中止 | 「新聞広告の中止」

◆新聞広告を全て中止

〈追記〉

★「リーマン・ショック」や「新型コロナ禍」等の様に消費が大きく冷え込んでいる場合は、前年と大差が無い企画や商品では、広告を打っても効果が見込めない。例え「新聞広告」であっても費用対効果を厳しく見極めて、止める時は止める判断が必要である。

| 削減 | 「掲載紙の削減」

◆掲載紙を掲載料が一番安価な「1紙」のみに絞り込み、掲載段数も必要最低限に削減

〈追記〉

★広告費削減に当たっては計画している広告全てに優先順位をつけ、その中から、削減目標金額の範囲内で掲載可能分を順に選択していく必要がある。

【2. DM・折込み広告代】

| 中止-1 | 「DM・折込み広告の中止」

◆DM・折込み広告を全て中止

| 中止-2 | 「広告配布の中止」

◆DM・折込み広告の配布を中止し、店舗内での配布や従業員による周辺地域への手配りに変更

| 削減 | 「広告サイズ・色・紙の変更」

◆「広告紙サイズ」の縮小や「カラー印刷」を「モノクロ印刷」へ変更し、広告紙質もグレードの低いものに変更、またDM広告は掲載内容を見直して頁数を必要最低限に削減

【3. 装飾費】

| 中止-1 | 「装飾の中止」

◆装飾の発注を全て中止し、展示・陳列は自前で実施

〈追記〉

★VPステージ等の装飾も自社の装飾担当で行うが、装飾していた場所にワゴン等の什器を展開し、売場の一部として活用すればコストも安く売上も上がり、違和感も少ない。

| 中止-2 | 「装飾什器・器具の新規発注中止」

◆装飾什器・器具を継続使用し新規発注を全て中止

★催事場等で企画に合わせて週ごとに発注している装飾什器は
そのまま契約を継続し、ポスター・ビラの張替え等の簡易な変
更のみで対応する。

【4. 改装投資費】

| 中止 | 「改装投資の中止」

◆改装投資を全て中止

〈追記〉

★改装投資は投資金額が大きいため、その成否が経営に与える
影響も大きいので、リスクがあれば中止の判断は当然である。

| 延期 | 「改装投資の延期」

◆改装投資を全て延期

| 削減-1 | 「改装投資施設・面積の絞込み」

◆改装投資の対象である施設・面積を必要最低限に絞り込んで
実施し、残りは「第二期」として延期する。

| 削減-2 | 「改装投資の仕様変更」

◆改装投資の内装・什器グレードを安価な仕様に変更

<追記>

★安価な仕様に変更した場合、改装投資する対象が売場の平場(ひらば)
や共用部分に限られてくるため、老朽施設・箇所のメンテナン
ス投資のニュアンスが強くなる恐れがある。

〔第四項〕運営費関連

【1. コピー代】

| 中止 |「コピーの禁止」

◆資料はＰＣ等での画面確認とし、コピー印刷は全て禁止。会
議でも各自ノートＰＣ等を持参し確認

| 削減 |「コピー・カード利用枚数の絞り込み」

◆「管理」担当は配布しているコピー・カードを一旦回収し、
コピー利用限度を削減目標に変更して再配布

【2. 電話代】

| 中止 |「有料通話の禁止」

◆有料通話を禁止し、「無料通話」や「電子メール」「ＳＭＳ」
を活用

【3. 郵便代】

| 中止-1 |「電子メールの活用」

◆郵便文書を電子化し「電子メール」に添付し送付することを

徹底

中止-2 「発送代行の中止」
◆「封入」等の作業は「発送代行」への発注を中止し、社内で
作業チームを編成しアイドルタイム利用により対応

中止-3 「封書を中止」
◆封書を中止し、全て「葉書」や「郵便書簡」に変更

削減-1 「封書は定形郵便に限定」
◆封書は「定形郵便」のみに限定

削減-2 「郵送先の絞り込み」
◆必要最低限の郵送先に絞り込み

【4. 事務用品代】
中止 「発注の中止」
◆「事務用品」在庫を棚卸し、在庫ゼロとなるまで発注中止

〈追記〉
★社内各所の在庫を確認し、不足する部門へは余剰のある部門
から振り回しを行い、その間発注を中止する。

【5. 出張・外出交通費】

| 中止 | 「出張・外出の中止」

◆出張・外出計画を変更し、全て中止。必要な場合、「リモート」を活用

| 延期 | 「出張・外出の延期」

◆出張・外出は計画を変更し、全て延期

| 削減-1 | 「出張・外出人員の絞込み」

◆出張・外出は必要最低限のみとし、人員は1名に絞り込み

| 削減-2 | 「出張日数の絞込み」

◆出張は必要最低限とし、日数は全て「日帰り」に変更

【6. 接待交際費】

| 中止 | 「接待の中止」

◆計画を変更し、全ての接待を中止

| 延期 | 「接待の延期」

◆計画を変更し、全ての接待を延期

| 削減-1 | 「接待人員の絞込み」

◆接待人員を見直し、「1名」に絞り込み

| 削減-2 | 「接待場所の見直し」

◆接待場所を近場でリーズナブルな場所に変更

| 削減-3 | 「贈答品の見直し」

◆贈答品は一律最低ランクに統一

【付】コスト削減実績

これは私が「大丸」「Ｊ.フロント」の執行役員在籍時に社外発表された「有価証券報告書」から参考として抜粋したものである。

＊決算年度は当年３月１日から翌年２月末日まで

【平成 15 年度〈2003 年度〉】

	実績 （百万円）	対前年増減	
		額（百万円）	率
売上高	817,314	25,014	3.2%
売上総利益	208,397	7,190	3.6%
販管費・一般管理費	185,053	2,560	1.4%
販管費率	22.6%	▲ 0.4%	－
営業利益	23,345	4,631	24.7%

■札幌店開店により売上・販管費ともに増加したが、全社コスト管理組織「ＳＳ統括部」発足によりコスト削減を組織的に実施し「販管費率」は 0.4 ポイント向上。売上増に対しコスト増を抑制し、営業利益は増益。

【平成 16 年度 〈2004 年度〉】

	実績 （百万円）	対前年増減	
		額（百万円）	率
売上高	809,275	▲ 8,039	▲ 1.0%
売上総利益	204,294	▲ 4,103	▲ 2.0%
販管費・一般管理費	178,159	▲ 6,894	▲ 3.7%
販管費率	22.0%	▲ 0.6%	－
営業利益	26,136	2,791	12.0%

■猛暑・暖冬の天候不順により売上苦戦。施設・警備業務の外部委託や、物流施設の集約化を推進するとともに、グループ全体の光熱費・通信費や用度品のコスト削減を行い、営業利益は増益。

【平成 17 年度 〈2005 年度〉】

	実績 （百万円）	対前年増減	
		額（百万円）	率
売上高	821,250	11,975	1.5%
売上総利益	207,289	2,995	1.5%
販管費・一般管理費	176,611	▲ 1,548	▲ 0.9%
販管費率	21.5%	▲ 0.5%	－
営業利益	30,678	4,542	17.4%

■天候に恵まれ、売上は増加。コスト削減では、情報システム・事務処理業務の運営体制を見直し人的効率が向上、購買・施設管理の発注を本社に集約化、及び物流業務の集約化による

関連施設の統合を推進し、営業利益は増益。

【平成 18 年度〈2006 年度〉】

	実績（百万円）	対前年増減	
		額（百万円）	率
売上高	835,522	14,272	1.7%
売上総利益	209,015	1,726	0.8%
販管費・一般管理費	174,344	▲ 2,267	▲ 1.3%
販管費率	20.9%	▲ 0.6%	－
営業利益	34,671	3,993	13.0%

■売上は順調に推移し増加。施設メンテナンス・用度品等の発注集約化拡大によりコスト削減を推進し、大丸として過去最高益を達成。

【平成 19 年度〈2007 年度〉】

	実績（百万円）	対前年増減	
		額（百万円）	率
売上高	1,016,402	－	－
売上総利益	251,301	－	－
販管費・一般管理費	211,583	－	－
販管費率	20.8%	－	－
営業利益	39,717	－	－

■9 月大丸・松坂屋が経営統合を行い J.フロントリテイリング㈱が発足。売上規模は 1 兆円超え。経営統合後のローコスト

化推進のため、大丸・松坂屋の用度品の購買、施設メンテナンス・物流等の発注の集約化を推進。尚、当連結会計年度は、第1期のため前年比較無し。

【平成 20 年度〈2008 年度〉】

	実績（百万円）	対前年増減	
		額（百万円）	率
売上高	1,096,690	80,288	7.9%
売上総利益	269,282	17,981	7.2%
販管費・一般管理費	241,189	29,606	14.0%
販管費率	22.0%	1.2%	－
営業利益	28,092	▲ 11,625	▲ 29.3%

■売上は増加となるが9月「リーマン・ショック」により売上計画からは大幅低下。経営統合によって増加したコストを「コスト構革部」がコントロールタワーとなり、「リーマン・ショック」対策として全社経費計画の見直し・絞り込みを行い、全ての発注を最低限に絞ったが及ばず、営業利益は大幅減益となり痛恨の極みであった。

【平成 21 年度〈2009 年度〉】

	実績 （百万円）	対前年増減	
		額（百万円）	率
売上高	982,533	▲ 114,157	▲ 10.4%
売上総利益	240,211	▲ 29,071	▲ 10.8%
販管費・一般管理費	221,627	▲ 19,562	▲ 8.1%
販管費率	22.6%	0.6%	－
営業利益	18,584	▲ 9,508	▲ 33.8%

■ 11 月「大丸心斎橋店・北館」がオープンしたが、「リーマン・ショック」の影響が続き、売上 1 兆円を割り込み。コスト削減で外部委託業務の内製化及びグループ全体へコスト・コントロールを強化したが及ばず、2 年連続で営業利益は減益。

【平成 22 年度〈2010 年度〉】

	実績 （百万円）	対前年増減	
		額（百万円）	率
売上高	950,102	▲ 32,431	▲ 3.3%
売上総利益	229,588	▲ 10,623	▲ 4.4%
販管費・一般管理費	209,265	▲ 12,362	▲ 5.6%
販管費率	22.0%	▲ 0.5%	－
営業利益	20,323	1,739	9.4%

■「リーマン・ショック」の影響が未だ続き、売上は減少。コスト削減は、委託業務の更なる内製化や施設の集約化及び、グループ全体へコスト・コントロールを強化し、営業利益はやっ

と増益。

【平成23年度〈2011年度〉】

	実績 （百万円）	対前年増減	
		額（百万円）	率
売上高	941,415	▲ 8,687	▲ 0.9%
売上総利益	226,646	▲ 2,942	▲ 1.3%
販管費・一般管理費	205,052	▲ 4,213	▲ 2.0%
販管費率	21.8%	▲ 0.2%	－
営業利益	21,594	1,271	6.3%

■3月の東日本大震災の影響がある中で、4月に大丸梅田店が全館増床オープンしたが、売上全体としては減少。コスト削減としては、委託業務の更なる内製化や施設の集約化に加えて電気使用量の削減やLED照明機器の導入による節電対策等、グループ挙げての一層のコストの効率化を推進した結果、営業利益は増益。

おわりに

「コスト削減」をここまでやってこられたのは経営トップの理解と支援があったお陰である。これは当事者にとって大変心強いことであり、是非とも経営トップの方々は売上と同様に「コスト削減」に対しても理解と支援を行って頂くことを切にお願いする。

また、経営トップの方々は、コストに精通されなくても構わないので、「コスト削減」の提案があれば、『これは「単価」か「数量」の何れが下がるのか』ということと、外部発注の場合は『競合見積を行ったのか』ということ、この2つを担当者に確認して頂きたい。この一言によって業績が大きく変わるので是非、頭の片隅に留めて頂ければ幸いである。

振り返ってみて、私の様な凡人でも例え一時期であっても会社に貢献することができたのは、偏に勉強する機会を与えて頂いた先生方がおられたお陰である。

私が係長となって配属された心斎橋店「営業推進部」での最初の仕事は「心斎橋店・重点戦略」の策定であった。何も分からず遮二無二作成し、提出した時に教えを受けたのが松藤昌先生（元㈱大丸監査役）であった。松藤先生から返却された原稿を

読み返してみると、私の考えをできるだけ尊重した上で加筆・修正してあり、自分の欠点がよく分るとともに企画書はこのように書くのかということを勉強させて頂いたが、これがこれから後の企画書や提案書作成の礎となった。

飯田洋先生（元㈱大丸監査役）は私が「心斎橋店・営業推進部」から新設された本社「経営計画室」に配属された時の同じ担当の先輩であった。仕事を進めるには「仕様書」を事前に作成し、上司と確認することによって仕事が円滑に進むと教えられた。見様見真似でやってみて、それまでの思い付き的な仕事のやり方から、事前に仕事の手順をつくり、ゴールを設定することによってロジカルに仕事を進めていくことが身に付けられた。

同じく「経営計画室」に配属された時の上司であった宮下良二先生（元㈱大丸取締役）は、初めての会議で『通信販売の構成要素を言ってごらん』と言われて全く答えられず、目が点になった。そして言われたのがマッキンゼーの「現代の経営戦略」を読めということであった。『何くそ』との思いで読んでみたが、最初は半分も頭に入らず、入門書の「企業参謀」を読んでみて、やっと理解が進むようになった。この様に「戦略発想」を勉強させてもらったことが、私の「屋台骨」みたいなものとなり、今もコンサルタント業を続けていられるのも宮下先生の教えがあったお陰である。

北村清先生（元㈱大丸コム企画社長）は私が「経営計画室」から「新規事業開発室」に異動した時の上司であった。大阪の「アメリカ村」にある「南中学跡地」の再開発計画に携わっていた時、ゼネコンから設計図が届いたので眺めていると、北村先生から『図面で見ても分かる訳が無い、現場に行け』と言われて、北村先生を先頭に突然現場に行く羽目となった。「吹き抜け」空間を実際に現場で計ってみると図面では分からないスケール感がリアルに実感でき建物のイメージが掴めた。このように北村先生は「現場第一」を常々実践された方であり、机にばかり座っていては事実が掴めないということを体で覚えさせられた。

この拙著で何度もお名前を拝借させて頂いている奥田務先生（元Ｊ.フロントリテイリング㈱会長）は、外見も話し方も温和で気さくな方であるが、経営に対しては非常に厳しい方である。常に企業は結果を出さねばならず、結果を出すためには実行が不可欠であることから「実行第一」を、それもスピーディに行うことを、厳しく教えられた。「実行第一」をスピーディに行うには前提となる「計画」も早く作らねばならず、教えられたのは「Ｒ（調査）－Ｐ（計画）－Ｄ（実行）－Ｃ（点検）」のサイクルを早く回すことを習得し実践することであった。これを教わったお陰で仕事を進めるに当たっては、いかに早く目標を達成させて仕事を終わらせるかを第一に考えて取り組む様になった。

これまでの大丸は資料作りや検討は十分過ぎる程に行うが「実行は他社が行ってから」という風潮であったのを、奥田先生が社長になられて「他社に先駆けて実行する」という、これまでの考え方を180度転換させる「意識改革」が行われたが、これが「Ｊ.フロント」の百貨店業からの業態転換にも反映されたものと思っている。

もう一つ教わったことは、奥田先生は社内の人とは性別・年齢・職位等に拘らず誰とも分け隔てなく接せられ、会社を良くする意見があれば誰であろうが実行のチャンスを与えるということを常にされていた。奥田先生を見習い、人と接する際にはできるだけ「色眼鏡無し」で接することを今も心掛けてやっているが非常に難しく、未だに習得するに至っていない。しかし人にチャンスを与えることは教えて頂いたお陰で微力ながらも多少はできたのではないかと自己満足している。

今も懇意にさせて頂いている飯嶋庸夫先生（アイング㈱会長）は私よりも年齢が上にも関わらず、現在も現役を続けられ、事業の成長・拡大への意欲は全く衰えることを知らない。お会いする度に事業が大きくなっており、目標も高くなっていることを耳にし、年齢も考えてそろそろコンサルタント業を引退するかと思っていた私だが、『まだまだお前も頑張れ』と叱咤激励を頂いている様で、年齢に関係なく前を向くことを教わっている。

お教えを賜った先生方に厚く御礼申し上げるとともに、できの良くない私と違い、将来ある皆様はこれから数々の先生に出会うことによって輝く未来が拓けてくると思うので、是非とも貪欲に教えを請い勉強して頂くことを願っている。

最後に、「大丸」「J.フロント」で「コスト削減」に一緒に取り組んだ皆様、ご支援を賜った皆様、「JFRコンサルティング」で『3年で単黒』に必死でチャレンジした皆様、ご支援を賜ったクライアント様・関係先様、「オフィス土井」で今もご支援を賜っているクライアント様、そして家族に心より感謝申し上げ、筆を擱かせて頂きます。
誠に有難うございました。

　2021 年 10 月吉日

　　　　　　　　　　　　　　　　　土井　和夫

【著者略歴】

土井　和夫（どい　かずお）

■昭和47年（1972年）4月　㈱大丸入社。

■平成11年（1999年）3月　本社・営業企画部長に就任し、5月に「緊急対策」を提案し利益予算を達成したことが契機となり、「コスト削減」に着手。

■平成15年（2003年）5月　㈱大丸執行役員兼シェアード・サービス統括部長に就任。シェアード・サービス化とコスト削減を推進する「シェアード・サービス統括部」が発足。（2年後、「コスト構造改革推進部」に改称）

■平成18年度（2006年度）㈱大丸「過去最高益」達成に「コスト削減」で大きく貢献。

■平成19年（2007年）9月　大丸・松坂屋の経営統合によりＪ.フロントリテイリング㈱が発足し執行役員兼コスト構造改革推進部長に就任。

■平成22年（2010年）9月　執行役員兼務として㈱ JFR コンサルティングを設立し社長就任。

■平成23年（2011年）5月　Ｊ.フロントリテイリング㈱執行役員を退任し、㈱ JFR コンサルティング社長専任。

■平成25年（2013年）8月　㈱ JFR コンサルティング社長退任。

■平成25年（2013年）11月　経営コンサルタント事務所「オフィス土井」を設立し、現在に至る。

異端のコスト削減

2021 年 12 月 16 日　第 1 刷発行

著　者　土井和夫
発行人　大杉　剛
発行所　株式会社 風詠社
　　　　〒 553-0001　大阪市福島区海老江 5-2-2
　　　　　　　　　　大拓ビル 5 - 7 階
　　　　TEL 06（6136）8657　https://fueisha.com/
発売元　株式会社 星雲社
　　　　　　　　　　（共同出版社・流通責任出版社）
　　　　〒 112-0005　東京都文京区水道 1-3-30
　　　　TEL 03（3868）3275
印刷・製本　シナノ印刷株式会社
©Kazuo Doi 2021, Printed in Japan.
ISBN978-4-434-29719-9 C2034